Dr. Oetker

VEGETARISCH
VON A–Z

Über 130 Gerichte ohne Fleisch

Dr. Oetker Verlag

Abkürzungen und Hinweise

Abkürzungen

EL	=	Esslöffel
TL	=	Teelöffel
Msp.	=	Messerspitze
Pck.	=	Packung/Päckchen
g	=	Gramm
kg	=	Kilogramm
ml	=	Milliliter
l	=	Liter
evtl.	=	eventuell
Fl.	=	Fläschchen
geh.	=	gehäuft
gestr.	=	gestrichen
TK	=	Tiefkühlprodukt
°C	=	Grad Celsius
Ø	=	Durchmesser

Kalorien-/Nährwertangaben

E	=	Eiweiß
F	=	Fett
Kh	=	Kohlenhydrate
kJ	=	Kilojoule
kcal	=	Kilokalorien
BE	=	Broteinheiten

Bei den Nährwertangaben in den Rezepten handelt es sich um auf- bzw. abgerundete, ganze Werte. Lediglich die Broteinheiten werden in 0,5er-Schritten mit einer Stelle nach dem Komma angegeben. Aufgrund von ständigen Rohstoffschwankungen und/oder Rezepturveränderungen bei Lebensmitteln, kann es zu Abweichungen kommen. Die Nährwertangaben dienen daher lediglich Ihrer Orientierung und eignen sich nur bedingt für die Berechnung eines Diätplans, zum Beispiel bei Krankheiten wie Diabetes.
Bei krankheitsbedingten Diäten richten Sie sich daher bitte nach den Anweisungen Ihres Diätassistenten bzw. Ihres Arztes.

Hinweise zu den Rezepten

Lesen Sie vor der Zubereitung – besser noch vor dem Einkauf – das Rezept einmal vollständig durch. Dadurch werden Arbeitsabläufe oder -zusammenhänge klarer. In jedem Rezept ist die Anzahl der Portionen angegeben.

Zutatenliste

Die Zutaten sind in der Reihenfolge ihrer Bearbeitung angegeben.

Arbeitsschritte

Die Arbeitsschritte sind einzeln hervorgehoben, in der Reihenfolge, in der sie von uns ausprobiert wurden.

Backofeneinstellung

Die in den Rezepten angegebenen Gartemperaturen und -zeiten sind Werte, die je nach individueller Hitzeleistung Ihres Backofens über- oder unterschritten werden können. Die Temperaturangaben beziehen sich auf Elektrobacköfen. Beachten Sie bitte bei der Einstellung des Backofens die Gebrauchsanleitung des Herstellers. Die Temperatur-Einstellmöglichkeiten für Gasbacköfen variieren je nach Hersteller sehr stark, sodass wir keine allgemeingültigen Angaben machen können.

Zubereitungs- und Garzeiten

Die Zubereitungszeit ist ein Anhaltswert für die Zeit der Vorbereitung und die eigentliche Zubereitung. Sie variiert je nach Geschick und Übung. Die Garzeiten sind, in der Regel, gesondert ausgewiesen.
Bei einigen Rezepten setzt sich die Gesamt-Garzeit aus mehreren Teil-Garzeiten zusammen. Längere Wartezeiten, z. B. Kühl- und Auftauzeiten, sind nicht miteinbezogen.

Vorwort

Fleisch ist mein Gemüse?
Vegetarier essen meinem Essen das Essen weg!
Wer kennt solche Sprüche nicht?
Vegetarische Gerichte sind langweilig und Vegetarier sowieso nur vertrocknete und verstaubte Gestalten? Wer das behauptet, kennt diese vegetarischen Gerichte noch nicht. Egal, ob Sie sich grundsätzlich vegetarisch ernähren oder einfach weniger Fleisch essen möchten, hier finden Sie leckere Rezepte, die ganz ohne Fleisch auskommen und dazu in null Komma nichts gelingen.

Zu den meisten Rezepten gibt es Ideen zu leckeren Beilagen, die das Gericht komplett machen und auch aus ernährungsphysiologischer Sicht ergänzen.
Also, wie wäre es mal mit gefüllten Kartoffelplätzchen, Linguine mit Ziegen-Frischkäse oder einem Kichererbsen-Sambal?
Vegetarische Gerichte einfach, knackig und lecker. Probieren Sie es aus, mit den appetitlichen Rezepten aus Dr. Oetker Vegetarisch von A–Z überzeugen Sie fast jeden Fleisch-Fan.

Ananas-Kraut-Salat mit Paprikastreifen

Preiswert – gut vorzubereiten
12 Portionen

Pro Portion: E: 2 g, F: 7 g, Kh: 14 g, kJ: 550, kcal: 131, BE: 1,0

1 ½ kg	Weißkohl
	Salz
2	rote Paprikaschoten
1 Dose	Ananasstücke (Abtropfgewicht 350 g)
2	große Zwiebeln
8 EL	Olivenöl
8 EL	Kräuteressig
2 EL	mittelscharfer Senf
	frisch gemahlener Pfeffer
je ½–1 TL	gemahlener Piment und Kümmelsamen

Zubereitungszeit: 30 Minuten, ohne Durchziehzeit

1. Von dem Weißkohl die groben, äußeren Blätter lösen. Kohl vierteln und den Strunk herausschneiden. Kohlviertel auf einer stabilen Küchenreibe oder mit der Küchenmaschine in sehr feine Streifen hobeln bzw. schneiden. Kohlstreifen in eine große Schüssel geben. 2–3 Esslöffel Salz hinzugeben, mit den Händen gut durchkneten, bis die Kohlstreifen leicht glasig werden. Kohlstreifen etwa 1 Stunde durchziehen lassen.

2. Paprikaschoten halbieren, entstielen, entkernen und die weißen Scheidewände entfernen. Schotenhälften abspülen, gut trocken tupfen und in schmale Streifen schneiden. Ananasstücke in einem Sieb abtropfen lassen, dabei den Saft auffangen. Ananasstücke evtl. etwas kleiner schneiden.

3. Die Kohlstreifen in ein Sieb geben, etwas abtropfen lassen und wieder zurück in die Schüssel geben. Paprikastreifen und Ananasstücke gut untermischen.

4. Die Zwiebeln abziehen, zuerst in dünne Scheiben schneiden, dann in Ringe teilen. Das Olivenöl in einer Pfanne erhitzen. Zwiebelringe darin kurz andünsten, herausnehmen und zum Ananas-Kraut-Salat in die Schüssel geben. Das verbliebene Bratfett (Olivenöl) mit Essig, Senf, Pfeffer, Piment und Kümmel verschlagen. Die Hälfte des Ananassaftes unterrühren. Die Marinade zum Ananas-Kraut-Salat geben, gut untermischen und etwa 30 Minuten durchziehen lassen.

5. Den Ananas-Kraut-Salat vor dem Servieren nochmals mit Salz und Pfeffer abschmecken.

Beilage: Ofenfrisches Baguette.

Tipps: Dieser Salat lässt sich prima vorbereiten und ist ideal, wenn Sie eine große Anzahl von Gästen erwarten. Wer es noch etwas pikanter und auch ein bisschen scharf mag, mariniert den Salat statt mit dem Ananassaft aus der Dose mit einem kleinen Glas Chili-Sauce (200 ml) aus dem Asialaden. Den Ananas-Kraut-Salat in Gläsern anrichten.

Apfelauflauf
Für Kinder – preiswert
4 Portionen

Pro Portion: E: 8 g, F: 37 g, Kh: 56 g, kJ: 2491, kcal: 595, BE: 4,5

Für den Knetteig:
- 125 g Vollkorn-Weizenmehl
- 1 ½ EL flüssiger Honig
- 1–2 EL kaltes Wasser
- ½ TL Meersalz
- 80 g weiche Butter

Für den Belag:
- 750 g säuerliche Äpfel
- 1 EL Zitronensaft
- 75 g weiche Butter
- 3–4 EL flüssiger Honig
- 2 Eier (Größe M)

Zubereitungszeit: 35 Minuten, ohne Teigruhezeit
Backzeit: etwa 45 Minuten

1. Für den Teig Vollkorn-Weizenmehl in eine Rührschüssel geben. Honig, Wasser, Meersalz und Butter hinzufügen. Die Zutaten mit Handrührgerät mit Knethacken zunächst kurz auf niedrigster, dann auf höchster Stufe gut durcharbeiten. Den Teig zu einer Kugel formen und zugedcckt etwa 1 Stunde kalt stellen und ruhen lassen.

2. Den Teig in eine runde, flache Auflaufform (gefettet) geben, zu einem Boden andrücken und gleichzeitig einen kleinen Rand hochziehen.

3. Den Backofen vorheizen.
Ober-/Unterhitze: etwa 200 °C
Heißluft: etwa 180 °C

4. Für den Belag Äpfel schälen, vierteln, entkernen, grob raspeln und mit Zitronensaft beträufeln.

5. Butter und Honig in einer Rührschüssel mit Handrührgerät mit Rührbesen geschmeidig rühren. Nach und nach Eier unterrühren. Apfelraspel unterheben. Die Masse auf dem Teig in der Form verteilen und glatt streichen. Die Form auf dem Rost in den vorgeheizten Backofen schieben. Den Auflauf **etwa 45 Minuten backen.**

Tipp: Den Apfelauflauf mit Vanillesauce servieren.

Apfel-Käse-Salat

Einfach
5 Portionen

Pro Portion: E: 18 g, F: 26 g, Kh: 6 g, kJ: 1390, kcal: 332, BE: 0,5

2	kleine Äpfel, z. B. Jonagold
1–2	rote Zwiebeln
250 g	Radieschen
250 g	Bergkäse
100 g	Emmentaler Käse
1 kleines Bund	Schnittlauch
	Salz, frisch gemahlener Pfeffer
2 EL	Weißweinessig
1 EL	mittelscharfer Senf
3 EL	Olivenöl
1 Prise	Zucker
30 g	frischer Meerrettich

Zubereitungszeit: 20 Minuten

1. Die Äpfel waschen und abtrocknen. Äpfel nach Belieben schälen. Äpfel halbieren und entkernen. Apfelhälften auf einem Gemüsehobel in feine Scheiben hobeln.

2. Zwiebeln abziehen und in feine Scheiben schneiden. Radieschen putzen, abspülen, abtropfen lassen und ebenfalls in feine Scheiben schneiden.

3. Die beiden Käsesorten in kleine Würfel schneiden. Schnittlauch abspülen, trocken tupfen und in Röllchen schneiden.

4. Die vorbereiteten Zutaten in eine Salatschüssel geben. Mit Salz und Pfeffer bestreuen und vermischen.

5. Essig mit Senf verrühren, Olivenöl unterschlagen. Mit Salz und Zucker abschmecken.

6. Den Meerrettich schälen, fein reiben und unter die Marinade rühren. Die Marinade unter den Salat heben. Den Salat mit Salz und Pfeffer abschmecken.

Apfel-Möhren-Salat mit Honig-Sesam-Dressing
Erfrischend – fruchtig
4 Portionen

Pro Portion: E: 3 g, F: 10 g, Kh: 25 g, kJ: 856, kcal: 205, BE: 1,5

1	Bio-Zitrone (unbehandelt, ungewachst)
1	Orange
2–3 TL	flüssiger Akazienhonig
1 Prise	gemahlener Zimt
1–2 EL	Sesamöl oder geschmacksneutraleres Speiseöl, z. B. Rapsöl
2	Äpfel
1 Bund	Möhren (etwa 500 g)
3	Sesam-Krokant-Riegel (je 25 g, Fertigprodukt aus dem Reformhaus, Naturkostladen oder Drogerie-Markt)

Zubereitungszeit: 20 Minuten

1. Zitrone heiß abwaschen, abtrocknen und die Schale abreiben. Von der Zitronenschale 1 Teelöffel abmessen. Zitrone und Orange halbieren und jeweils den Saft auspressen. Zitronen- und Orangensaft in eine Schüssel geben. 1 Teelöffel Zitronenschale, Honig und Zimt hinzufügen, mit einem Schneebesen gut verrühren. Sesam- oder Rapsöl unterschlagen.

2. Äpfel heiß abspülen, abtrocknen, vierteln, entkernen und mit der Schale in dünne Spalten schneiden. Apfelspalten zu dem Dressing in die Schüssel geben.

3. Möhren putzen, schälen, abspülen, abtropfen lassen, in dünne Scheiben oder Streifen schneiden, zu den Apfelspalten geben und gut untermischen.

4. Den Salat in eine Salatschüssel geben. Krokant-Riegel zerbröseln und kurz vor dem Servieren auf den Salat streuen.

Tipps: Der Salat schmeckt sogar noch saftiger und aromatischer, wenn er etwas durchgezogen ist. Eine herzhafte Variante: 2 Eier hart kochen, mit kaltem Wasser abschrecken, pellen und sehr fein würfeln. Mit Zitronen-, Orangensaft, Salz, Pfeffer und Speiseöl zu einem Dressing verrühren. 1 Bund Schnittlauch abspülen, trocken tupfen, in feine Röllchen schneiden und unter das Dressing rühren. Möhrenscheiben oder -streifen und Apfelspalten hinzugeben, gut untermischen. Krokantbrösel dann weglassen.

Apfel-Waldpilz-Kaiserschmarrn
Mit Alkohol
2 Portionen

Pro Portion: E: 17 g, F: 20 g, Kh: 61 g, kJ: 2228, kcal: 533, BE: 5,0

2	Eigelb (Größe M)
100 ml	Weißwein (lieblich)
100 ml	Milch
120 g	Weizenmehl
1 Msp.	Dr. Oetker Backin
	Salz
	frisch geriebene Muskatnuss
	Zucker
150 g	gemischte Pilze, z. B. Pfifferlinge, Steinpilze oder Maronen
1	Schalotte
1 Stängel	Thymian
1	großer Apfel
1 TL	Butter
	frisch gemahlener Pfeffer
2	Eiweiß (Größe M)
4 Stängel	glatte Petersilie
1 EL	Butter

Zubereitungszeit: 35 Minuten
Backzeit: 5–8 Minuten

1. Eigelb mit Wein und Milch in einer Rührschüssel gut verrühren. Das Mehl und Backpulver mit einem Schneebesen verrühren, hinzugeben. Die Zutaten zu einem glatten Teig verrühren. Mit Salz, Muskat und Zucker würzen.

2. Den Backofen vorheizen.
Ober-/Unterhitze: etwa 180 °C
Heißluft: etwa 160 °C

3. Pilze putzen, mit Küchenpapier abreiben, evtl. kurz abspülen, trocken tupfen und in Stücke schneiden. Schalotte abziehen und in kleine Würfel schneiden. Thymian abspülen und trocken tupfen. Die Blättchen von den Stängeln zupfen. Apfel schälen, vierteln und entkernen. Apfelviertel in kleine Würfel schneiden.

4. Butter in einer feuerfesten Pfanne zerlassen. Die Pilzstücke darin unter mehrmaligem Wenden andünsten. Die Schalottenwürfel hinzufügen und mitdünsten lassen. Die Apfelwürfel und Thymianblättchen zu der Pilzmasse geben und unterheben. Mit Salz und Pfeffer leicht würzen.

5. Eiweiß steif schlagen und unter den Teig heben. Den Teig auf der Waldpilz-Apfel-Masse verteilen. Die Pfanne auf dem Rost in den vorgeheizten Backofen schieben. Den Kaiserschmarrn **5–8 Minuten backen.**

6. In der Zwischenzeit Petersilie abspülen und trocken tupfen. Die Blättchen von den Stängeln zupfen. Blättchen grob zerschneiden.

7. Den Kaiserschmarrn aus der Pfanne nehmen, mit 2 Pfannenwendern in kleine Stücke reißen. Butter in der Pfanne zerlassen. Die Kaiserschmarrnstücke hinzufügen und in der Butter schwenken.

8. Apfel-Waldpilz-Kaiserschmarrn mit der Petersilie bestreut servieren.

Tipp: Anstelle der Waldpilze können Sie auch Kräuterseitlinge, Shiitake-Pilze oder Champignons verwenden.

Asiatischer Schichtsalat

Mit Alkohol
10–12 Portionen

Pro Portion: E: 5 g, F: 8 g, Kh: 14 g, kJ: 642, kcal: 153, BE: 1,0

- 100 g Glasnudeln
- 1 kleiner Chinakohl (etwa 300 g)
- 1 Salatgurke
- 2 rote Pfefferschoten
- 1 Glas Mungobohnen-Sprossen (Abtropfgewicht 175 g)

Für die Marinade:
- 5 EL Reisweinessig
- 3 EL Limettensaft
- 6 EL Sojasauce
- 2 TL rote Currypaste (erhältlich im Asialaden)
- 6 EL Sesamöl
- Salz, frisch gemahlener Pfeffer
- 2 EL Zucker

- 150 g geraspelte Möhren
- 250 g Bio-Tofu

Zubereitungszeit: 60 Minuten, ohne Abkühl- und Durchziehzeit

1. Die Glasnudeln nach Packungsanleitung garen. Anschließend in einem Sieb gut abtropfen und erkalten lassen.

2. Den Chinakohl putzen. Den Kohl vierteln und den Strunk herausschneiden. Die Kohlviertel in schmale Streifen schneiden, abspülen und sehr gut abtropfen lassen. Die Salatgurke abspülen, abtrocknen, halbieren, entkernen und in dünne Scheiben schneiden. Pfefferschoten abspülen, abtrocknen, halbieren und in kleine Würfel schneiden. Gurkenscheiben mit den Pfefferschotenwürfeln vermischen. Mungobohnen-Sprossen in einem Sieb abtropfen lassen.

3. Für die Marinade Essig mit Limettensaft, Sojasauce und Currypaste verrühren. Sesamöl unterschlagen. Mit Salz, Pfeffer und Zucker würzen.

4. Zwei Drittel der Chinakohlstreifen in eine große, hohe Glasschüssel (4–5-Liter-Inhalt) geben. Möhrenraspel darauf verteilen. Mit gut 2 Esslöffeln der Marinade beträufeln. Die Gurken-Pfefferschoten-Mischung daraufgeben. Wieder mit etwa 3 Esslöffeln der Marinade beträufeln.

5. Zuerst die Mungobohnen-Sprossen, dann die Glasnudeln daraufgeben. Restliche Chinakohlstreifen darauf verteilen und mit der Hälfte der restlichen Marinade beträufeln.

6. Tofu zerbröseln, mit der restlichen Marinade verrühren und als Abschluss auf die Chinakohlstreifen geben. Den Schichtsalat mit Frischhaltefolie zugedeckt in den Kühlschrank stellen und mindestens 5–6 Stunden durchziehen lassen.

Tipps: Statt Tofu kann auch Fetakäse verwendet werden. Den Salat nach Belieben in hohen Gläsern (Wassergläsern) anrichten.

A

Auberginen-Tomaten-Auflauf
Macht richtig satt
2 Portionen

Pro Portion: E: 26 g, F: 34 g, Kh: 39 g, kJ: 2377, kcal: 568, BE: 2,5

1	kleine Aubergine
1–2 EL	Sojasauce
2–3	Zwiebeln
1 ½ EL	Olivenöl
3–4	Tomaten
2 Scheiben	Weizenmischbrot oder 3 Scheiben Vollkorn-Toastbrot
100 g	frisch geriebener Emmentaler Käse
200 g	saure Sahne
1	Knoblauchzehe
etwa 6	frische Salbeiblättchen oder 1 Msp. gerebelter Salbei
2–3 Stängel	Thymian oder 1 Msp. gerebelter Thymian
	frisch gemahlener Pfeffer

Zubereitungszeit: 30 Minuten, ohne Marinierzeit
Garzeit: etwa 40 Minuten

1. Die Aubergine abspülen, abtropfen lassen und den Stängelansatz entfernen. Die Aubergine in Scheiben schneiden, auf einen Teller legen und mit Sojasauce beträufeln. Die Auberginenscheiben etwa 20 Minuten marinieren, dabei gelegentlich wenden.

2. In der Zwischenzeit Zwiebeln abziehen, zuerst in Scheiben schneiden, dann in Ringe teilen.

3. Einen Esslöffel Olivenöl in einer Pfanne erhitzen. Zwiebelringe darin andünsten.

4. Den Backofen vorheizen.
Ober-/Unterhitze: etwa 180 °C
Heißluft: etwa 160 °C

5. Die Tomaten abspülen, abtropfen lassen und die Stängelansätze herausschneiden. Dann die Tomaten in Scheiben schneiden.

6. Brotscheiben toasten und in eine kleine Auflaufform (mit restlichem Olivenöl bestrichen) legen. Evtl. Brotscheiben in Größe der Form zurechtschneiden. Brotscheiben mit der Hälfte des Käses bestreuen.

7. Saure Sahne in eine Schüssel geben. Knoblauch abziehen, durch eine Knoblauchpresse drücken und unterrühren.

8. Salbeiblättchen abspülen, trocken tupfen und klein schneiden. Thymian abspülen und trocken tupfen. Die Blättchen von den Stängeln zupfen. Blättchen klein schneiden. Die Kräuter unter die saure Sahne rühren. Mit Pfeffer abschmecken.

9. Die Auberginenscheiben aus der Sojasauce nehmen, abtropfen lassen und in die Kräutermasse tauchen. Auberginenscheiben abwechselnd dachziegelartig mit den Zwiebelringen und Tomatenscheiben in die Auflaufform schichten. Restliche Kräutermasse darauf verteilen und mit restlichem Käse bestreuen.

10. Die Form auf dem Rost in den vorgeheizten Backofen schieben. Den Auberginen-Tomaten-Auflauf **etwa 40 Minuten garen.**

Beilage: Gemischter Blattsalat (2 Portionen). Dafür 375 g gemischte Blattsalate (z. B. Lollo bionda, Feldsalat, Frisée, Rucola) putzen, abspülen, gut abtropfen lassen oder trocken schleudern. Salatblätter in mundgerechte Stücke zupfen. Von 1 kleinen Chicorée die äußeren, welken Blätter entfernen. Chicorée längs halbieren, abspülen, abtropfen lassen und den bitteren Strunk keilförmig herausschneiden. Chicoréehälften in breite Streifen schneiden, mit den Blattsalaten vermengen. Für die Sauce ½ kleine Zwiebel abziehen, fein würfeln. 1–1 ½ Esslöffel Kräuteressig mit etwas Salz, 1 Prise Zucker und einigen grünen, getrockneten, zerstoßenen Pfefferkörnern verrühren. 3 Esslöffel Olivenöl unterschlagen. Die Zwiebelwürfel und ½–1 Esslöffel gehackte Kräuter, z. B. Petersilie, Schnittlauch, Kerbel, unterrühren. Salatzutaten mit der Sauce vermengen.

Tipps: Nach Belieben die Brotscheiben entrinden und den Boden der Auflaufform damit belegen. Wenn Sie es herzhaft mögen, ersetzen Sie den Emmentaler Käse durch die gleiche Menge Allgäuer Bergkäse.

Basilikum-Reis-Bällchen auf Tomaten-Porree

Preiswert
2 Portionen (6 Bällchen)

Pro Portion: E: 23 g, F: 48 g, Kh: 70 g, kJ: 3401, kcal: 814, BE: 5,5

Für die Basilikum-Reis-Bällchen:

375 ml (³⁄₈ l)	Salzwasser
125 g	Naturreis
etwa 25 g	Magerquark
1	Ei (Größe M)
40 g	frisch geriebener Parmesan-Käse
30 g	Semmelbrösel
½ Bund	Basilikum
	Salz
	frisch gemahlener Pfeffer
etwa 1 l	Speiseöl, z. B. Sonnenblumenöl

Für das Gemüse:

1 Stange	Porree (Lauch)
400 g	Tomaten
1	Knoblauchzehe
1 ½ EL	Speiseöl, z. B. Sonnenblumenöl
50 ml	Gemüsebrühe

Für den Dip:

75 g	Crème fraîche
75 g	Joghurt

Zubereitungszeit: 40 Minuten, ohne Abkühlzeit
Garzeit: Reis etwa 30 Minuten

1. Salzwasser in einem Topf zum Kochen bringen. Reis hinzugeben und zugedeckt etwa 30 Minuten nach Packungsanleitung garen. Reis in einem Sieb abtropfen und abkühlen lassen.

2. Reis mit Quark, Ei, Parmesan-Käse und Semmelbröseln in einer Schüssel gut verkneten.

3. Basilikum abspülen und trocken tupfen. Die Blättchen von den Stängeln zupfen. Blättchen in Streifen schneiden. Die Hälfte davon unter die Reismasse kneten. Mit Salz und Pfeffer abschmecken.

4. Aus der Basilikum-Reis-Masse mit angefeuchteten Händen etwa 6 gleich große Bällchen formen. Das Speiseöl in einem hohen Topf oder in der Fritteuse auf etwa 170 °C erhitzen. (Das Speiseöl hat die richtige Temperatur, wenn sich an einem ins Fett gehaltenen Holzlöffel kleine Bläschen bilden.) Nun die Reisbällchen portionsweise in dem erhitzten Speiseöl 3–4 Minuten goldbraun braten, dabei evtl. wenden. Die Bällchen mit einer Schaumkelle herausnehmen, auf Küchenpapier abtropfen lassen und warm stellen.

5. Für das Gemüse Porree putzen, die Stange längs halbieren, gründlich abspülen und abtropfen lassen. Porree in Streifen schneiden. Tomaten abspülen, abtropfen lassen, kreuzweise einschneiden, kurz in kochendes Wasser legen und in kaltem Wasser abschrecken. Tomaten enthäuten, halbieren, entkernen und die Stängelansätze herausschneiden. Tomatenhälften in Spalten schneiden. Knoblauch abziehen und klein würfeln.

6. Speiseöl in einem Topf erhitzen. Knoblauchwürfel darin andünsten. Die Porreestreifen hinzufügen und kurz mitdünsten lassen. Brühe hinzugießen und zum Kochen bringen. Das Gemüse zugedeckt etwa 5 Minuten bei schwacher Hitze garen. Tomatenspalten hinzufügen, weitere 3–4 Minuten garen. Mit Salz und Pfeffer würzen. Die restlichen Basilikumstreifen unterrühren.

7. Für den Dip Crème fraîche mit Joghurt glatt rühren, mit Salz und Pfeffer würzen.

8. Basilikum-Reis-Bällchen mit Tomaten-Porree und dem Dip servieren.

Beilage: Gebratener Mandel-Tofu (2 Portionen). 300 g Tofu in etwa ½ cm dicke Scheiben schneiden. 4 Esslöffel Sojasauce mit 1 Esslöffel Weißweinessig und ½ Teelöffel Ahornsirup verrühren. Den Tofu in eine flache Schale geben und mit der Marinade beträufeln. Tofu mit Frischhaltefolie zugedeckt im Kühlschrank etwa 2 Stunden marinieren. Anschließend den Tofu aus der Marinade nehmen, etwas trocken tupfen und in 2 Esslöffeln abgezogenen, gemahlenen Mandeln wenden. Den Tofu in 3–4 Esslöffeln erhitztem Sesamöl von beiden Seiten goldgelb braten.

Bohnensuppe mit getrockneten Tomaten und Petersilien-Püree

Raffiniert
4 Portionen

Pro Portion: E: 18 g, F: 27 g, Kh: 28 g, kJ: 1790, kcal: 428, BE: 2,0

Für das Petersilien-Püree:
70 g	Sonnenblumenkerne
2 Bund	glatte Petersilie (etwa 50 g)
4 EL	Olivenöl
20 g	geriebener alter Gouda-Käse
	Salz
	Cayennepfeffer

Für die Bohnensuppe:
750 g	Fenchel
200 g	Staudensellerie
2	Knoblauchzehen
1 Bund	Frühlingszwiebeln (etwa 70 g)
40 g	getrocknete Tomaten
2 EL	Olivenöl
1	Lorbeerblatt
375 ml (³⁄₈ l)	Gemüsebrühe
1 Dose	weiße Bohnen mit Suppengrün (Abtropfgewicht 530 g)
	frisch gemahlener Pfeffer

Zubereitungszeit: 45 Minuten, ohne Abkühlzeit
Garzeit: Suppe etwa 12 Minuten

1. Für das Petersilien-Püree die Sonnenblumenkerne in einer Pfanne ohne Fett unter Rühren goldbraun rösten, herausnehmen und auf einem Teller erkalten lassen.

2. Danach Petersilie abspülen und trocken tupfen. Die Blättchen von den Stängeln zupfen. Blättchen grob zerschneiden. Sonnenblumenkerne mit Petersilie und Olivenöl im Universalzerkleinerer sehr fein hacken. Den Käse kurz unterarbeiten. Das Püree mit Salz und Cayennepfeffer abschmecken.

3. Für die Suppe Fenchel putzen, abspülen, abtropfen lassen. Fenchelgrün beiseitelegen. Die Fenchelknollen vierteln und in quer schmale Streifen schneiden.

Staudensellerie putzen und die harten Außenfäden abziehen. Stangen abspülen, abtropfen lassen und in schmale Scheiben schneiden.

4. Knoblauch abziehen und in dünne Scheiben schneiden. Frühlingszwiebeln putzen, abspülen, abtropfen lassen und quer in dünne Ringe schneiden. Die Tomaten in feine Streifen schneiden.

5. Olivenöl in einem Topf erhitzen. Fenchelstreifen, Sellerie-, Knoblauchscheiben, Frühlingszwiebelringe, Lorbeerblatt und Tomatenstreifen darin unter Rühren andünsten. Brühe hinzugießen, zum Kochen bringen und zugedeckt etwa 10 Minuten bei mittlerer Hitze garen.

6. Die Bohnen mit der Flüssigkeit zu der Suppe geben, wieder zum Kochen bringen und etwa 2 Minuten kochen lassen. Mit Salz und Pfeffer würzen.

7. Die Bohnensuppe mit dem Petersilien-Püree und beiseitegelegtem Fenchelgrün anrichten.

Tipps: Das Petersilien-Püree ist etwa 5 Tage im Kühlschrank haltbar. Gouda-Käse kann durch Parmesan-Käse ersetzt werden.

Brokkoli-Käse-Suppe
Macht richtig satt
2 Portionen

Pro Portion: E: 12 g, F: 27 g, Kh: 5 g, kJ: 1307, kcal: 312, BE: 0,5

1–2 EL	gehobelte Mandeln
300 g	Brokkoli
400 ml	Gemüsebrühe
1 Ecke	Kräuter-Schmelzkäse (etwa 62,5 g)
50 g	Schlagsahne
1	frisches Eigelb (Größe S)
	Salz
	frisch gemahlener Pfeffer
	frisch geriebene Muskatnuss

Zubereitungszeit: 35 Minuten, ohne Abkühlzeit
Garzeit: 5–8 Minuten

1. Mandeln in einer Pfanne ohne Fett unter Rühren goldgelb rösten, herausnehmen und auf einem Teller erkalten lassen.

2. Von dem Brokkoli die Blätter entfernen. Brokkoli in Röschen teilen. Den Strunk schälen und in Stücke schneiden. Brokkoliröschen und -stücke abspülen, abtropfen lassen. Brühe in einem Topf zum Kochen bringen. Brokkoli hinzufügen und zugedeckt 5–8 Minuten garen.

3. Einige Brokkoliröschen für die Suppeneinlage mit einer Schaumkelle herausnehmen, in ein Sieb geben und abtropfen lassen. Den restlichen Brokkoli mit der Brühe pürieren.

4. Schmelzkäse hinzufügen und unter Rühren bei schwacher Hitze schmelzen. Den Topf von der Kochstelle nehmen.

5. Sahne mit Eigelb verschlagen und in die Suppe rühren. Suppe nicht mehr kochen lassen. Brokkoli-Käse-Suppe mit Salz, Pfeffer und Muskatnuss abschmecken.

6. Vor dem Servieren die restlichen Brokkoliröschen in die Suppe geben und kurz erwärmen. Die Brokkoli-Käse-Suppe mit Mandeln bestreut servieren.

Bulgur-Küchlein mit Green Bull
Einfach
4 Portionen (16 Stück)

Pro Portion: E: 14 g, F: 21 g, Kh: 55 g, kJ: 2004, kcal: 478, BE: 4,5

Für die Bulgur-Küchlein:
- 75 g Bulgur
- 200 ml Wasser
- 2 Frühlingszwiebeln
- 2 Stängel Minze
- ½ Bund glatte Petersilie
- 100 g Fetakäse
- 25 g Rosinen
- 1 TL gemahlener Kreuzkümmel, Salz
- 2 Eier (Größe M)
- 75 g Weizenmehl
- 125 ml (⅛ l) Buttermilch
- 4 EL Speiseöl

Für Green Bull:
- 1 Salatgurke
- 4 Kiwis
- 8 Minzeblättchen
- 2 EL Limettensaft
- 1 EL Weizenkeimöl
- 4 EL flüssiger Honig
- 400 ml Mineralwasser ohne Kohlensäure
- evtl. Eiswürfel

Zubereitungszeit: 45 Minuten

1. Für die Küchlein Bulgur in ein Sieb geben, mit kaltem Wasser abspülen und abtropfen lassen. Bulgur in einen Topf geben, Wasser hinzugießen und zum Kochen bringen. Die Kochstelle ausschalten. Bulgur zugedeckt etwa 7 Minuten ziehen lassen.

2. Die Frühlingszwiebeln putzen, abspülen, abtropfen lassen und in sehr feine Ringe schneiden. Minze und Petersilie abspülen, trocken tupfen. Die Blättchen jeweils von den Stängeln zupfen. Blättchen klein schneiden. Fetakäse abtropfen lassen und fein zerbröseln.

3. Den Bulgur mit Frühlingszwiebelringen, Minze, Petersilie, Käsebröseln und Rosinen vermischen. Mit Kreuzkümmel und Salz würzen. Eier, Mehl und Buttermilch in einer Rührschüssel verschlagen. Die Bulgur-Käse-Mischung gut unterrühren.

4. Die Küchlein in 2 Portionen braten. Dafür jeweils die Hälfte des Speiseöls in einer großen Pfanne erhitzen. Jeweils 1 gehäuften Esslöffel des Teiges in die Pfanne geben. Die Küchlein von beiden Seiten bei mittlerer Hitze goldbraun braten.

5. Für Green Bull die Gurke abwaschen, abtrocknen und die Enden abschneiden. Die Gurke mit Schale und Kernen in grobe Würfel schneiden. Kiwis schälen und grob würfeln. Minzeblättchen abspülen und trocken tupfen. Gurken-, Kiwiwürfel und Minzeblättchen in einen Rührbecher geben. Limettensaft, Weizenkeimöl, Honig und Mineralwasser hinzugeben. Die Zutaten fein pürieren und in 4 Gläsern verteilen. Green Bull nach Belieben mit Eiswürfeln servieren. Die Bulgur-Küchlein dazureichen.

Bulgursalat
Raffiniert
10–12 Portionen

Pro Portion: E: 4 g, F: 8 g, Kh: 25 g,
kJ: 801, kcal: 191, BE: 1,5

Für den Salat:
300 g	Bulgur (Hartweizengrieß)
1 l	kochendes Wasser
5–6	milde, grüne Spitzpaprika (erhältlich in türkischen Lebensmittelläden)
1 Bund	Frühlingszwiebeln
750 g	kleine Rispen-Tomaten
2	kleine Salatgurken

Für die Marinade:
1 Bund	Petersilie
1 Bund	Minze
4–5 EL	Zitronensaft
etwa 1 gestr. TL	Salz
	frisch gemahlener, schwarzer Pfeffer
1 gestr. TL	Paprikapulver edelsüß
8 EL	Olivenöl
evtl. 1 Kopf	Salat, z. B. Römer- oder Herzblattsalat
evtl. einige	Minze- und Petersilienblättchen

Zubereitungszeit: 40 Minuten, ohne Einweich- und Durchziehzeit

1. Für den Salat Bulgur in eine Schüssel geben, mit kochendem Wasser übergießen, erkalten und weitere 2–3 Stunden stehen lassen. Bulgur evtl. in einem Sieb abtropfen lassen.

2. Spitzpaprika halbieren, entstielen, entkernen und die weißen Scheidewände entfernen. Schotenhälften abspülen, trocken tupfen und in schmale Streifen schneiden.

3. Die Frühlingszwiebeln putzen, abspülen, abtropfen lassen und in etwa 1 cm dicke Ringe schneiden.

4. Tomaten abspülen, trocken tupfen und vierteln. Evtl. die Stängelansätze herausschneiden. Salatgurken heiß abspülen, abtrocknen, halbieren und in kleine Würfel schneiden.

5. Für die Marinade Petersilie und Minze abspülen, trocken tupfen. Die Blättchen von den Stängeln zupfen. Blättchen klein schneiden. Zitronensaft mit Salz, Pfeffer und Paprika verrühren. Olivenöl unterschlagen. Petersilie und Minze unterrühren.

6. Bulgur mit den vorbereiteten Salatzutaten in eine große Schüssel geben. Die Marinade darauf verteilen und vorsichtig, aber gut untermischen. Den Salat mindestens 1 Stunde durchziehen lassen.

7. Nach Belieben Salatkopf putzen, abspülen und trocken tupfen. Die dicken Rippen aus den Salatblättern entfernen. Die Salatblätter auf eine große Servierplatte legen. Den Bulgursalat darauf anrichten. Evtl. mit abgespülten und trocken getupften Minze- und Petersilienblättchen garnieren.

Tipps: Statt Bulgur Couscous verwenden. Der Salat kann auch schon einen Tag vor dem Verzehr zubereitet werden. Dann den Salat mit Frischhaltefolie zugedeckt im Kühlschrank aufbewahren.

Bunter Safran-Reis
Etwas teurer
2 Portionen

Pro Portion: E: 10 g, F: 24 g, Kh: 55 g, kJ: 1969, kcal: 470, BE: 4,5

3 EL	Speiseöl, z. B. Sonnenblumenöl
100–125 g	Langkornreis
etwa 250 ml (¼ l)	Gemüsebrühe
½ Dose	gemahlener Safran (0,1 g)
	Salz
75 g	TK-Grüne Bohnen
2	mittelgroße Tomaten
1	mittelgroße Zwiebel
100 g	Champignons (möglichst kleine)
100 g	Shiitake-Pilze (möglichst kleine)
100 g	Pfifferlinge (möglichst kleine)
	frisch gemahlener Pfeffer
	gerebeltes Bohnenkraut
20 g	Butter

Zubereitungszeit: 40 Minuten

1. Die Hälfte des Speiseöls in einem Topf erhitzen. Den Reis hinzugeben und andünsten, bis die Reiskörner glasig sind. Brühe hinzugießen. Mit Safran und Salz würzen. Den Reis zum Kochen bringen und zugedeckt etwa 20 Minuten nach Packungsanleitung quellen lassen, bis der Reis die Brühe aufgesogen hat. Den Reis in ein Sieb geben und warm stellen.

2. In der Zwischenzeit Bohnen in kochendem Wasser nach Packungsanleitung garen. Anschließend die Bohnen in ein Sieb geben, mit kaltem Wasser abspülen und abtropfen lassen.

3. Tomaten abspülen, abtropfen lassen, kreuzweise einschneiden, kurz in kochendes Wasser legen und in kaltem Wasser abschrecken. Tomaten enthäuten, halbieren, entkernen und die Stängelansätze herausschneiden. Die Tomatenhälften in Spalten schneiden. Zwiebel abziehen, zuerst in Scheiben schneiden, dann in Ringe teilen. Pilze putzen, mit Küchenpapier abreiben, evtl. kurz abspülen und trocken tupfen. Größere Pilze halbieren oder vierteln.

4. Restliches Speiseöl in einer großen Pfanne erhitzen. Zuerst die Zwiebelringe darin andünsten, dann Pilze hinzugeben und unter gelegentlichem Rühren mitdünsten lassen. Mit Salz und Pfeffer würzen.

5. Bohnen mit den Tomatenspalten zu den Pilzen in die Pfanne geben. Mit Salz, Pfeffer und Bohnenkraut würzen, nochmals kurz erwärmen.

6. Butter in einem Topf zerlassen. Safran-Reis hinzufügen und unter Rühren erwärmen. Das Pilzgemüse hinzugeben und mit dem Reis vermengen. Safran-Reis sofort servieren.

Tipp: Wenn es schnell gehen soll, dann ersetzen Sie die Tomaten durch etwa 3 Esslöffel stückige Tomaten (aus dem Tetra Pak®). Tomatenstücke mit den Bohnen zu den Pilzen in die Pfanne geben.

Bunter Tortellini-Salat

Schnell – einfach
10–12 Portionen

Pro Portion: E: 8 g, F: 13 g, Kh: 48 g, kJ: 1448, kcal: 345, BE: 3,5

250 g	getrocknete Tortellini mit Käsefüllung
	Salz
3–4	Paprikaschoten (rot und gelb, evtl. orange)
1 Dose	Ananasstücke (Abtropfgewicht 500 g)
1 Dose	Gemüsemais (Abtropfgewicht 340 g)
1 Glas	Miracel Whip (250 g)
2 EL	Tomatenketchup
3–4 EL	Ananassaft (aus der Dose)
	frisch gemahlener Pfeffer

Zubereitungszeit: 35 Minuten, ohne Abkühl- und Durchziehzeit

1. Tortellini in kochendem Salzwasser nach Packungsanleitung garen. Die Tortellini in ein Sieb geben, mit kaltem Wasser übergießen, abtropfen und erkalten lassen.

2. Paprikaschoten halbieren, entstielen, entkernen und die weißen Scheidewände entfernen. Schotenhälften abspülen, abtropfen lassen und in Streifen schneiden. Ananasstücke in einem Sieb abtropfen lassen, dabei den Saft auffangen.

3. Tortellini in eine große Schüssel geben. Paprikastreifen, Ananasstücke und den Mais mit dem Saft hinzugeben. Die Zutaten gut vermengen.

4. Miracel Whip mit Ketchup und etwas Ananassaft verrühren und unter die Salatzutaten heben. Den Tortellini-Salat 2–3 Stunden durchziehen lassen. Evtl. nochmals etwas Ananassaft unterrühren. Den Tortellini-Salat mit Salz und Pfeffer abschmecken.

Tipps: Für den Salat getrocknete Tortellini verwenden. Frische Tortellini sind evtl. zu groß. Den Salat auf einer mit abgespülten und trocken getupften Chicorée- oder Rucolablättern belegten, großen Servierplatte anrichten. Oder den Salat in Dessertgläsern anrichten und dann mit Chicoréeblättern und Schnittlauchhalmen garnieren.

Buntes Paprikagemüse mit Buchweizengrütze

Etwas Besonderes
2 Portionen

Pro Portion: E: 9 g, F: 22 g, Kh: 58 g, kJ: 1939, kcal: 463, BE: 4,5

Für das Paprikagemüse:

500 g	Paprikaschoten (rot, grün, gelb)
2 Stangen	Staudensellerie (etwa 100 g)
1	Knoblauchzehe
1	Zwiebel (etwa 50 g)
2 Stängel	Thymian oder
	½ TL gerebelter Thymian
1 Stängel	Rosmarin oder
	1 TL gerebelter Rosmarin
3 EL	Olivenöl
75 ml	Gemüsebrühe

Für die Buchweizengrütze:

370 ml	Gemüsebrühe
1 EL	Olivenöl
120 g	Buchweizengrütze
5 Stängel	glatte Petersilie
	Salz
1 EL	Tomatenmark
	frisch gemahlener Pfeffer
1 TL	flüssiger Blütenhonig

Zubereitungszeit: 40 Minuten

1. Für das Gemüse die Paprikaschoten der Länge nach vierteln, entstielen, entkernen und die weißen Scheidewände entfernen. Schotenviertel abspülen, trocken tupfen und der Länge nach in schmale Streifen schneiden.

2. Staudensellerie putzen und die harten Außenfäden abziehen. Stangen abspülen, abtropfen lassen, zuerst in etwa 5 cm lange Stücke, danach längs in dünne Streifen schneiden. Knoblauch und die Zwiebel abziehen. Zwiebel halbieren und längs in dünne Streifen schneiden, Knoblauch klein schneiden. Thymian und Rosmarin abspülen, trocken tupfen. Blättchen bzw. Nadeln von den Stängeln zupfen.

3. Olivenöl in einem Topf erhitzen. Zwiebelstreifen darin etwa 5 Minuten bei mittlerer Hitze andünsten. Knoblauch, Paprika-, Selleriestreifen, Thymianblättchen, Rosmarinnadeln und Brühe hinzugeben, zum Kochen bringen. Gemüse zugedeckt etwa 10 Minuten bei mittlerer Hitze dünsten.

4. Für die Grütze Brühe und Olivenöl in einem Topf zum Kochen bringen. Buchweizengrütze einstreuen und unter Rühren aufkochen. Grütze zugedeckt etwa 12 Minuten bei schwacher Hitze quellen lassen.

5. In der Zwischenzeit Petersilie abspülen und trocken tupfen. Die Blättchen von den Stängeln zupfen (einige Blättchen zum Garnieren beiseitelegen). Die Blättchen grob zerschneiden und unter die Grütze rühren. Mit Salz abschmecken.

6. Tomatenmark zum Paprikagemüse geben und unter Rühren aufkochen. Das Gemüse mit Salz, Pfeffer und Honig abschmecken.

7. Das Paprikagemüse mit der Buchweizengrütze anrichten und mit den beiseitegelegten Petersilienblättchen garnieren.

Tipps: Für ein Paprikagemüse in Rahmsauce das Tomatenmark weglassen und statt dessen 2 Esslöffel Crème Fraîche verwenden. Wer mag, ersetzt außerdem das Öl für die Grütze durch 20 g Butter.

Butternut-Soup
Raffiniert
2 Portionen

Pro Portion: E: 7 g, F: 22 g, Kh: 26 g, kJ: 1400, kcal: 335, BE: 2,0

500 g	Kürbis (am besten Butternut- oder Hokkaido-Kürbis)
1	kleine Zwiebel
1 EL	Olivenöl
2	Lorbeerblätter
1 EL	Zucker
250 ml (¼ l)	Gemüsebrühe
1 haselnussgroßes Stück	Ingwerwurzel
1–2 EL	Mango-Chutney oder Aprikosenkonfitüre
1 Msp.	gemahlener Zimt
1 Msp.	gemahlene Muskatnuss
	Salz, frisch gemahlener Pfeffer
	Zucker
75 g	Schlagsahne
einige	gesalzene Erdnusskerne oder Cashewkerne

Zubereitungszeit: 20 Minuten
Garzeit: etwa 20 Minuten

1. Kürbis schälen, halbieren und die Kerne mit einem Löffel herauskratzen. Kürbisfleisch in walnussgroße Stücke schneiden. Zwiebel abziehen und in kleine Würfel schneiden.

2. Olivenöl in einem Topf erhitzen. Die Zwiebel- und Kürbiswürfel darin unter Rühren andünsten. Lorbeerblätter und Zucker hinzugeben. Zucker karamellisieren lassen. Brühe hinzugießen.

3. Ingwer schälen, abspülen, abtropfen lassen und sehr klein schneiden. Ingwer, Chutney oder Konfitüre in die Suppe geben. Die Suppe zum Kochen bringen und zugedeckt etwa 20 Minuten bei mittlerer Hitze kochen lassen, bis die Kürbiswürfel weich sind. Die Lorbeerblätter aus der Suppe nehmen. Die Suppe mit einem Stabmixer glatt pürieren. Mit Zimt, Muskat, Salz, Pfeffer und 1 Prise Zucker abschmecken.

4. Sahne cremig aufschlagen. Die Suppe mit je einem Klecks der leicht geschlagenen Sahne anrichten. Mit Erdnusskernen oder Cashewkernen bestreut servieren.

Cannelloni mit Ricotta und Pilzen
Für Gäste
10 Portionen

Pro Portion: E: 38 g, F: 59 g, Kh: 42 g,
kJ: 3558, kcal: 849, BE: 3,5

Für die Béchamelsauce:
3	kleine Zwiebeln
60 g	Butter
4 EL	Weizenmehl
1,2 l	Milch
8 kleine Stängel	Salbei
1 EL	fein abgeriebene Schale von
1	Bio-Zitrone (unbehandelt, ungewachst)
	Salz
	frisch gemahlener Pfeffer
	frisch geriebene Muskatnuss

Für die Füllung:
100 g	Pinienkerne
350 g	rosa Champignons
6 EL	Olivenöl
½ Bund	glatte Petersilie
1 ¾ kg	Ricotta (ital. Frischkäse)
200 g	Parmesan-Käse
4	Eigelb (Größe M)
etwa 400 g	Cannelloni (ohne Vorgaren)
10	Cocktailtomaten
12	Kalamata-Oliven
	grob gemahlener Pfeffer

Zubereitungszeit: 60 Minuten, ohne Abkühlzeit
Backzeit: 40–45 Minuten

1. Für die Sauce die Zwiebeln abziehen und in kleine Würfel schneiden. Die Butter in einem Topf zerlassen. Mehl hinzufügen und unter Rühren so lange erhitzen, bis es hellgelb ist. Milch hinzugießen und mit einem Schneebesen durchschlagen. Dabei darauf achten, dass keine Klümpchen entstehen.

2. Salbeistängel abspülen und trocken tupfen. Von 2 Salbeistängeln die Blättchen von den Stängeln zupfen. Blättchen klein schneiden. Restliche Salbeistängel beiseitelegen.

3. Klein geschnittene Salbeiblättchen und Zitronenschale in die Sauce geben, unter Rühren zum Kochen bringen. Sauce mit Salz, Pfeffer und Muskat würzen.

4. Für die Füllung Pinienkerne in einer Pfanne ohne Fett unter Wenden goldbraun rösten, herausnehmen und auf einem Teller erkalten lassen. Die Pinienkerne in einem Blitzhacker sehr fein hacken oder sehr klein schneiden.

5. Champignons putzen, mit Küchenpapier abreiben, evtl. abspülen, trocken tupfen und in grobe Stücke schneiden. Olivenöl in einer Pfanne erhitzen. Champignonstücke darin unter mehrmaligem Wenden kräftig andünsten. Mit Salz würzen.

6. Petersilie abspülen und trocken tupfen. Die Blättchen von den Stängeln zupfen. Die Blättchen klein schneiden und unter die Champignonstücke rühren. Champignonmasse erkalten lassen.

7. Den Backofen vorheizen.
Ober-/Unterhitze: etwa 180 °C
Heißluft: etwa 160 °C

8. Ricotta in eine Rührschüssel geben. 150 g Parmesan-Käse fein reiben. Pinienkerne, Champignonmasse, Eigelb und den geriebenen Parmesan-Käse hinzufügen. Die Zutaten gut vermischen. Mit Salz, Pfeffer und Muskat würzen.

9. Die Béchamelsauce etwa 1 cm hoch in eine große Auflaufform (etwa 35 x 25 cm, gefettet) füllen. Die Ricottamasse in einen Spritzbeutel füllen (oder in einen Gefrierbeutel füllen und eine Ecke abschneiden). Die Ricottamasse in die Cannelloni-Hülsen spritzen.

10. Eine Lage Cannelloni auf die Sauce in die Form legen und etwas von der Béchamelsauce gleichmäßig daraufgeben.

11. Wieder eine Lage Cannelloni darauflegen. Die restliche Béchamelsauce darauf verteilen. Restlichen Parmesan-Käse fein reiben und daraufstreuen.

12. Die Form auf dem Rost in den vorgeheizten Backofen (unteres Drittel) schieben. Die Cannelloni **40–45 Minuten goldbraun backen.**

13. Tomaten abspülen, trocken tupfen, entstielen, halbieren und die Stängelansätze herausschneiden. Nach etwa 30 Minuten Backzeit die beiseitegelegten Salbeistängel, Tomatenhälften und Oliven auf die Cannelloni legen.

14. Die Cannelloni zum Schluss mit grob gemahlenem Pfeffer bestreuen. Cannelloni fertig backen.

Champignon-Frikadellen
Raffiniert
2 Portionen

Pro Portion: E: 17 g, F: 19 g, Kh: 36 g, kJ: 1596, kcal: 381, BE: 3,0

400 g	Champignons
2	Schalotten
3–4 EL	Speiseöl, z. B. Sonnenblumenöl
1	Brötchen (Semmel) vom Vortag
1	Knoblauchzehe
1	Ei (Größe M)
	Salz, frisch gemahlener Pfeffer
½ TL	gehackte Majoranblättchen (ersatzweise 1 Msp. gerebelter Majoran)
3–4 EL	Semmelbrösel
einige	Majoranblättchen
einige	Gewürzgurkenscheiben

Zubereitungszeit: 35 Minuten, ohne Abkühlzeit
Bratzeit: etwa 8 Minuten

1. Champignons putzen, mit Küchenpapier abreiben, evtl. kurz abspülen, trocken tupfen und in kleine Würfel schneiden.

2. Schalotten abziehen und klein würfeln. 1 Esslöffel Speiseöl in einer großen Pfanne erhitzen. Schalottenwürfel darin glasig dünsten. Champignonwürfel hinzufügen und unter gelegentlichem Rühren bei mittlerer Hitze so lange dünsten, bis die Flüssigkeit verdampft ist (etwa 5 Minuten). Die Champignonmasse herausnehmen, in eine Schüssel geben und etwas abkühlen lassen.

3. Brötchen in kaltem Wasser einweichen. Knoblauch abziehen und klein schneiden. Eingeweichtes Brötchen gut ausdrücken, mit dem Knoblauch und Ei zu der Champignonmasse geben. Mit Salz, Pfeffer und Majoran würzen. Die Zutaten gut vermengen.

4. Semmelbrösel in einen tiefen Teller geben. Aus der Champignonmasse 6 flache Frikadellen formen und in den Semmelbröseln wenden.

5. Restliches Speiseöl in der Pfanne erhitzen. Die Frikadellen darin etwa 4 Minuten von jeder Seite bei mittlerer Hitze knusprig braun braten. Champignon-Frikadellen herausnehmen und auf einem Teller anrichten. Nach Belieben mit abgespülten und trocken getupften Majoranblättchen und Gurkenscheiben garnieren.

Beilage: Gewürzgurken.

Tipps: Am besten lassen sich die Champignonfrikadellen mit einem Pfannenwender in den Semmelbröseln wenden, da die Pilzmasse sehr weich ist. Zu den Champignon-Frikadellen einen Kräuterdip reichen. Dafür je 75 g Joghurt und Crème fraîche verrühren. 2 Esslöffel gehackte Kräuter (frisch oder TK, z. B. Schnittlauch oder Petersilie) unterrühren. Dip mit Salz und Pfeffer abschmecken.

Champignon-Zucchini-Auflauf
Etwas Besonderes
4 Portionen

Pro Portion: E: 19 g, F: 35 g, Kh: 10 g, kJ: 1802, kcal: 433, BE: 0,5

600 g	Zucchini
250 g	rote Paprikaschoten
	Salz
300 g	Champignons
40 g	Butter oder Margarine
1 Topf	Basilikum

Für den Guss:

4	Eier (Größe M)
4 EL	Milch
150 g	Crème fraîche
2	Knoblauchzehen
	frisch gemahlener Pfeffer
	frisch geriebene Muskatnuss
100 g	frisch geriebener, mittelalter Gouda-Käse

Zubereitungszeit: 50 Minuten
Garzeit: 40–50 Minuten

1. Die Zucchini abspülen, abtrocknen und die Enden abschneiden. Zucchini in Scheiben schneiden. Paprikaschoten halbieren, entstielen, entkernen und die weißen Scheidewände entfernen. Die Schotenhälften abspülen, abtropfen lassen und in dünne Streifen schneiden. Paprikastreifen in kochendem Salzwasser 1–2 Minuten blanchieren, in ein Sieb geben, mit kaltem Wasser übergießen und abtropfen lassen.

2. Den Backofen vorheizen.
Ober-/Unterhitze: etwa 200 °C
Heißluft: etwa 180 °C

3. Champignons putzen, mit Küchenpapier abreiben, evtl. kurz abspülen, trocken tupfen und dann in dicke Scheiben schneiden.

4. Etwas Butter oder Margarine in einer Pfanne zerlassen. Die Champignon- und Zucchinischeiben darin portionsweise kurz andünsten.

5. Basilikum abspülen und trocken tupfen. Die Blättchen von den Stängeln zupfen. Die Blättchen in feine Streifen schneiden.

6. Abwechselnd Champignon-, Zucchinischeiben, Paprika- und Basilikumstreifen in eine ovale Auflaufform (gefettet) schichten.

7. Für den Guss die Eier mit Milch und Crème fraîche verschlagen. Knoblauch abziehen, durch eine Knoblauchpresse drücken und unterrühren. Mit Salz, Pfeffer und Muskat würzen. Den Guss auf dem Auflauf verteilen. Mit Käse bestreuen. Die Form auf dem Rost in den vorgeheizten Backofen schieben. Den Auflauf **40–50 Minuten garen.**

Channa Dal
(Indische gelbe Erbsensuppe)

Preiswert
1 Portion

Insgesamt: E: 16 g, F: 15 g, Kh: 39 g, kJ: 1492, kcal: 357, BE: 3,5

60 g	getrocknete, gelbe Schälerbsen
250 ml (¼ l)	Gemüsebrühe
1	kleines Lorbeerblatt
1 Prise	gemahlener Zimt
1 Msp.	Chilipulver
¼ TL	gemahlener Kardamom
10 g	Butter
½ TL	Currypulver
1 Msp.	Kurkuma
½ EL	Kokosraspel
1 EL	Rosinen
1 Msp.	Kreuzkümmel (Cumin)

Zubereitungszeit: 15 Minuten
Garzeit: etwa 40 Minuten

1. Schälerbsen in ein Sieb geben, mit kaltem Wasser abspülen und abtropfen lassen. Brühe mit den Schälerbsen in einem Topf zum Kochen bringen. Die Hitze reduzieren. Die Brühe mehrmals mit einer Schaumkelle abschäumen.

2. Lorbeerblatt, Zimt, Chili und Kardamom hinzugeben. Die Suppe zugedeckt etwa 80 Minuten bei mittlerer Hitze kochen lassen, bis die Erbsen weich sind und zerfallen. Dabei gelegentlich umrühren. Die Suppe mit einem Stabmixer fein pürieren.

3. Butter in einer kleinen Pfanne zerlassen. Curry, Kurkuma und Kokosraspel darin kurz andünsten, herausnehmen und in die pürierte Erbsensuppe rühren.

4. Die Rosinen und Kreuzkümmel hinzugeben. Die Suppe nochmals erwärmen. Nach Belieben mit den Gewürzen abschmecken.

Beilage: Fladenbrot.

Tipps: Das Rezept lässt sich für Gäste leicht verdoppeln bzw. vervierfachen. Schälerbsen müssen nicht eingeweicht werden (wie z. B. Kichererbsen oder getrocknete Erbsen), da die äußere harte Schale beim Schälvorgang bereits entfernt wurde.

Currykartoffeln
Raffiniert
2 Portionen

Pro Portion: E: 9 g, F: 32 g, Kh: 38 g, kJ: 2008, kcal: 479, BE: 3,0

500 g	festkochende Kartoffeln
4 EL	Speiseöl, z. B. Sonnenblumenöl oder 20 g Butterschmalz
	Salz
2	Zwiebeln
1–2	Knoblauchzehen
20 g	Ingwerwurzel (etwa 2 cm lang)
3 TL	Currypulver
200 ml	Wasser
2–4 EL	Sesamsamen

Zubereitungszeit: 30 Minuten
Garzeit: etwa 30 Minuten

1. Kartoffeln waschen, schälen, abspülen, abtropfen lassen und in grobe Würfel schneiden. Speiseöl oder Butterschmalz in einer Pfanne erhitzen. Kartoffelwürfel hinzufügen, mit Salz würzen und unter gelegentlichem Wenden 10–12 Minuten bei mittlerer Hitze goldbraun braten.

2. In der Zwischenzeit Zwiebeln und Knoblauch abziehen, in kleine Würfel schneiden. Ingwerwurzel schälen, abspülen, abtropfen lassen und sehr fein hacken (etwa 2 Teelöffel werden benötigt).

3. Die Zwiebel- und Knoblauchwürfel mit dem gehackten Ingwer zu den Kartoffelwürfeln in die Pfanne geben und weitere etwa 5 Minuten unter gelegentlichem Wenden braten.

4. Curry hinzufügen. Wasser hinzugießen. Die Currykartoffeln zugedeckt etwa 12 Minuten unter gelegentlichem Wenden bei mittlerer Hitze garen.

5. Currykartoffeln mit Salz und Curry abschmecken, mit Sesam bestreuen.

Beilage: Feldsalat mit Nusskernen, Spiegel- oder Rührei.

Tipps: Wer kein Curry mag, ersetzt den Curry durch 1–2 Teelöffel getrocknete Kräuter wie Majoran, Rosmarin oder Thymian. Die Currykartoffeln sind auch eine gute Resteverwertung für übrig gebliebene Pell- oder Salzkartoffeln vom Vortag. Die vorgekochten Kartoffeln würfeln, anbraten und dann mit Curry und Wasser nur etwa 5 Minuten zugedeckt garen.

Eier in Senfsauce mit Kartoffelbrei
Klassisch
2 Portionen

Pro Portion: E: 17 g, F: 29 g, Kh: 8 g, kJ: 1498, kcal: 358, BE: 0,5

4	Eier (Größe M)

Für die Senfsauce:

20 g	Butter oder Margarine
2 gestr. EL	Weizenmehl (etwa 16 g)
250 ml (¼ l)	Gemüsebrühe
1–2 TL	mittelscharfer Senf
1–2 TL	körniger Senf
	Salz
	frisch gemahlener Pfeffer
2 EL	Crème fraîche

Zubereitungszeit: 20 Minuten
Garzeit: Sauce etwa 10 Minuten

1. Eier an der Unterseite anstechen, damit sie beim Kochen nicht platzen. Die Eier in kochendes Wasser geben und in etwa 8 Minuten hart kochen. Eier in kaltem Wasser abschrecken, um den Garvorgang zu beenden.

2. Für die Senfsauce Butter oder Margarine in einem kleinen Topf zerlassen. Mehl hinzugeben und unter Rühren so lange erhitzen, bis es hellgelb ist.

3. Brühe nach und nach hinzugießen und mit einem Schneebesen durchschlagen. Dabei darauf achten, dass keine Klümpchen entstehen.

4. Die Sauce zum Kochen bringen und etwa 10 Minuten unter gelegentlichem Rühren bei mittlerer Hitze kochen lassen.

5. Beide Senfsorten unterrühren, mit Salz und Pfeffer würzen. Crème fraîche unterrühren. Die Sauce nach Belieben mit Senf und den Gewürzen abschmecken.

6. Eier pellen, nach Belieben halbieren und kurz vor dem Servieren in die Sauce geben.

Beilage: Kartoffelbrei (Kartoffelpüree) (2 Portionen). Dafür 250 g mehligkochende Kartoffeln waschen, schälen, abspülen, abtropfen lassen, in Stücke schneiden und in einen Topf geben. 2–3 Prisen Salz darüberstreuen, mit Wasser knapp bedecken und zum Kochen bringen. Kartoffeln zugedeckt in etwa 15 Minuten gar kochen, abgießen, abdämpfen und sofort durch die Kartoffelpresse geben oder mit einem Kartoffelstampfer zerdrücken. 1 Esslöffel (10 g) Butter oder Margarine mit 6–7 Esslöffeln heißer Milch (etwa 70 ml) hinzugeben und unter die Kartoffelmasse rühren. Den Kartoffelbrei mit Salz und frisch geriebener Muskatnuss abschmecken.

Variante: Eier mit Kräutersauce (2 Portionen). Dafür 6 Esslöffel Crème fraîche mit 2 Esslöffeln frisch gehackten Kräutern, z.B. Petersilie, Schnittlauch, Kresse, oder ersatzweise TK-Kräutern verrühren. Kräutersauce mit Salz abschmecken und zu den Eiern servieren. Kartoffelbrei (Kartoffelpüree) oder Salzkartoffeln dazureichen.

Eierkuchenauflauf
Raffiniert
4–6 Portionen

Pro Portion: E: 21 g, F: 42 g, Kh: 50 g, kJ: 2771, kcal: 664, BE: 3,5

Für den Teig:
- 250 g Weizenmehl
- 4 Eier (Größe M)
- ½ gestr. TL Salz
- 375 ml (⅜ l) Milch
- 125 ml (⅛ l) Mineralwasser
- 1 Bund Frühlingszwiebeln

- 6 EL Speiseöl

Für die Füllung:
- 500 g gemischte Pilze, z. B. Pfifferlinge, Champignons, Austernpilze
- 1 Bund Frühlingszwiebeln
- 3 EL Speiseöl
- Salz
- frisch gemahlener Pfeffer
- 1 geh. TL Weizenmehl
- 150 g Crème fraîche

- 100 g geraspelter Gratin-Käse

Zubereitungszeit: 45 Minuten
Garzeit: etwa 20 Minuten

1. Für den Teig Mehl in eine Rührschüssel geben. Eier mit Salz, Milch und Mineralwasser verschlagen. Nach und nach unter Rühren zum Mehl geben. Darauf achten, dass keine Klümpchen entstehen.

2. Frühlingszwiebeln putzen, abspülen, abtropfen lassen, in schmale Ringe schneiden und unter den Teig rühren.

3. Etwas von dem Speiseöl in einer beschichteten Pfanne erhitzen. Den Teig gut durchrühren und eine dünne Teiglage mit einer drehenden Bewegung auf dem Boden der Pfanne verteilen. Den Eierkuchen von beiden Seiten goldgelb backen. Bevor der Eierkuchen gewendet wird, etwas Speiseöl in die Pfanne geben.

Aus dem Teig etwa 6 Eierpfannkuchen backen und übereinander auf einen flachen Teller legen.

4. Den Backofen vorheizen.
Ober-/Unterhitze: etwa 180 °C
Heißluft: etwa 160 °C

5. Für die Füllung Pilze mit Küchenpapier abreiben, evtl. kurz abspülen, trocken tupfen und in Stücke schneiden. Die Frühlingszwiebeln putzen, abspülen, abtropfen lassen und in schmale Ringe schneiden (einige Frühlingszwiebelringe zum Garnieren beiseitelegen).

6. Das Speiseöl in der Pfanne erhitzen. Die Pilzstücke darin anbraten, mit Salz und Pfeffer würzen, mit Mehl bestäuben. Crème fraîche unterrühren. Die Frühlingszwiebelringe zu den Pilzstücken in die Pfanne geben und einmal aufkochen lassen.

7. Die Eierkuchen auf einer Arbeitsfläche ausbreiten. Jeweils etwas von der Pilzmasse auf die Eierkuchen geben. Die Eierkuchen aufrollen, nebeneinander in eine flache Auflaufform (gefettet) legen und mit Käse bestreuen. Die Form auf dem Rost in den vorgeheizten Backofen schieben. Den Auflauf **etwa 20 Minuten backen.**

Eingelegter Tofu mit Bohnengemüse
Raffiniert
4 Portionen

Pro Portion: E: 36 g, F: 20 g, Kh: 56 g,
kJ: 2330, kcal: 556, BE: 4,5

Für den Tofu:
- 450 g Tofu
- 4 EL süßer Senf
- 1–2 TL scharfer Senf
- 2 EL Balsamico-Essig
- Salz

- 1 kg festkochende Kartoffeln

Für das Bohnengemüse:
- 450 g TK-Dicke Bohnen
- 1 Knoblauchzehe
- 2 EL Olivenöl
- 450 g TK-Blattspinat
- 40 g Korinthen oder Rosinen
- 1 Bund Frühlingszwiebeln (etwa 150 g)

- ½ Bund Schnittlauch
- 1 EL Olivenöl
- frisch gemahlener Pfeffer
- frisch geriebene Muskatnuss

Zubereitungszeit: 35 Minuten, ohne Marinierzeit
Garzeit: Gemüse etwa 11 Minuten

1. Für den Tofu den Tofu trocken tupfen, in etwa 2 cm breite Streifen schneiden und in eine Schale legen. Beide Senfsorten mit Essig verrühren, mit Salz würzen. Die Marinade auf den Tofustreifen verteilen und den Tofu zugedeckt etwa 40 Minuten marinieren.

2. In der Zwischenzeit Kartoffeln gründlich waschen, abtropfen lassen, knapp mit Wasser bedeckt zum Kochen bringen und zugedeckt etwa 25 Minuten garen.

3. Für das Gemüse die gefrorenen Bohnen in kochendem Salzwasser etwa 3 Minuten kochen. Die Bohnen in ein Sieb geben, mit kaltem Wasser abspülen, etwas abkühlen lassen und die Kerne jeweils aus der Schale drücken.

4. Knoblauch abziehen und in kleine Stücke schneiden. Olivenöl in einem breiten Topf erhitzen. Gefrorenen Blattspinat, Knoblauch und Korinthen oder Rosinen darin unter Rühren kurz andünsten. Danach zugedeckt etwa 5 Minuten bei mittlerer Hitze dünsten.

5. Die Frühlingszwiebeln putzen, abspülen, abtropfen lassen und in etwa 2 cm lange Stücke schneiden. Die Frühlingszwiebelstücke mit den Bohnenkernen zum Spinat geben und zugedeckt etwa 3 Minuten bei mittlerer Hitze dünsten.

6. Schnittlauch abspülen, trocken tupfen und in Röllchen schneiden.

7. Das Olivenöl in einer beschichteten Pfanne erhitzen. Tofustreifen mit der Marinade darin bei mittlerer Hitze heiß werden lassen. Gegarte Kartoffeln abgießen, mit kaltem Wasser abschrecken und evtl. pellen.

8. Das Gemüse mit Salz, Pfeffer und Muskat würzen. Tofu mit dem Gemüse und den Kartoffeln anrichten. Schnittlauchröllchen auf den Tofu streuen.

Tipp: Wenn Sie keine TK-Dicke Bohnen bekommen, können Sie auch TK-Erbsen verwenden. Sie brauchen nicht in Salzwasser vorgegart zu werden.

E

Eisbergsalat mit fruchtigem Dressing
Raffiniert – schnell
4 Portionen

Pro Portion: E: 3 g, F: 3 g, Kh: 20 g, kJ: 529, kcal: 127, BE: 1,5

1 Dose	Mandarinen ohne Zuckerzusatz (Abtropfgewicht 175 g)
250 g	Vanilla-Joghurt (3,5 % Fett, Fertigprodukt aus dem Kühlregal)
3–4 EL	Zitronensaft
1	mittelgroßer Eisbergsalat

Zubereitungszeit: 15 Minuten

1. Die Mandarinen in einem Sieb abtropfen lassen. Joghurt mit Zitronensaft in eine Salatschüssel geben und mit einem Schneebesen schaumig aufschlagen.

2. Von dem Eisbergsalat die äußeren, welken Blätter entfernen. Salatblätter lösen, abspülen, gut abtropfen lassen oder trocken schleudern.

3. Salatblätter in mundgerechte Stücke zupfen und zu dem Dressing in die Salatschüssel geben. Mandarinen hinzufügen. Salat und Mandarinen vorsichtig unter das Dressing mischen.

Tipp: Auch in feine Streifen geschnittenen, zarten Chinakohl können Sie mit dem fruchtigen Dressing servieren.

Erbsen-Buttermilch-Suppe
Raffiniert
1 Portion

Insgesamt: E: 27 g, F: 34 g, Kh: 42 g, kJ: 2441, kcal: 582, BE: 3,0

1	Schalotte
2 EL	Olivenöl
einige	getrocknete, rote Chilibrösel
200 ml	Gemüsebrühe (evtl. aus gekörnter Bio-Brühe)
75 g	TK-Erbsen
	frisch gemahlenes Meersalz
1 gestr. TL	Speisestärke
5	Minzeblättchen
50 ml	Buttermilch

Zubereitungszeit: 20 Minuten, ohne Kühlzeit
Garzeit: 8–9 Minuten

1. Schalotte abziehen und in kleine Würfel schneiden. 1 Esslöffel des Olivenöls in einem Topf erhitzen. Die Schalottenwürfel und Chilibrösel darin andünsten. Brühe hinzugießen, zum Kochen bringen und etwa 5 Minuten kochen lassen.

2. Gefrorene Erbsen hinzugeben, mit Meersalz würzen. Die Suppe wieder zum Kochen bringen und 3–4 Minuten kochen lassen.

3. Speisestärke mit etwas Wasser anrühren, in die Suppe rühren und unter Rühren einmal aufkochen lassen. Minzeblättchen abspülen und trocken tupfen. 3 Minzeblättchen in die Suppe geben. Die Suppe mit einem Stabmixer sehr fein pürieren.

4. Die Suppe im kalten Wasserbad kalt rühren, dann Buttermilch unterrühren. Die Suppe evtl. mit Salz abschmecken.

5. Restliche Minzeblättchen in feine Streifen schneiden. Die Suppe damit bestreuen und mit dem restlichen Olivenöl beträufeln.

6. Die Suppe in eine Suppentasse geben.

Beilage: Gurken-Shrimps-Sandwich.

Erbsensuppe für Eilige
Klassisch
4 Portionen

Pro Portion: E: 11 g, F: 27 g, Kh: 22 g, kJ: 1614, kcal: 386, BE: 1,5

1	Zwiebel
2 EL	Butter oder Margarine
500 g	TK-Erbsen
150 g	TK-Suppengemüse
500 ml (½ l)	Gemüsebrühe
	Saft von
½	Zitrone
200 g	Schlagsahne
	Salz, frisch gemahlener Pfeffer
	frisch geriebene Muskatnuss
evtl.	
einige EL	Kartoffelpüree-Flockenpulver
4–6 TL	Crème fraîche,
	z. B. mit feinen Kräutern

Zubereitungszeit: 15 Minuten
Garzeit: etwa 10 Minuten

1. Die Zwiebel abziehen und in kleine Würfel schneiden. Butter oder Margarine in einem Topf zerlassen. Zwiebelwürfel darin glasig dünsten. Gefrorene Erbsen und gefrorenes Suppengemüse hinzugeben und unter Rühren kurz mit andünsten.

2. Brühe, Zitronensaft und Sahne hinzugießen. Mit Salz, Pfeffer und Muskat würzen. Die Zutaten zum Kochen bringen und etwa 10 Minuten bei schwacher Hitze kochen lassen.

3. Nach Belieben einige Erbsen aus der Brühe nehmen und beiseitelegen. Restliche Erbsen mit dem Suppengemüse in der Brühe fein pürieren.

4. Nach Belieben etwas Kartoffelpüree-Flockenpulver in die Suppe rühren, bis eine feine Bindung entstanden ist. Die Suppe etwa ½ Minute unter Rühren kochen lassen. Beiseitegelegte Erbsen wieder hinzugeben. Die Suppe mit Salz, Pfeffer und Muskat abschmecken.

5. Die Suppe in tiefen Tellern verteilen und mit je einem Klecks Crème fraîche garnieren.

Falafel (Kichererbsenbällchen)
Etwas aufwendiger
2 Portionen (16 Bällchen)

Pro Portion: E: 16 g, F: 32 g, Kh: 44 g, kJ: 2204, kcal: 526, BE: 3,0

Zum Vorbereiten:

125 g	getrocknete Kichererbsen
150 ml	Gemüsebrühe
1	kleine Gemüsezwiebel
1–2	Knoblauchzehen
½ Bund	Petersilie
	Salz
	frisch gemahlener Pfeffer
	gemahlener Kümmel
	gemahlener Koriander
	Paprikapulver edelsüß
½ EL	gehackte Minze
20 g	Speisestärke
1	Ei (Größe S)
etwa 1 l	Speiseöl, z. B. Sonnenblumenöl

Zubereitungszeit: 60 Minuten, ohne Quellzeit

1. Zum Vorbereiten die Kichererbsen in eine Schüssel geben, mit Wasser übergießen und über Nacht quellen lassen.

2. Eingeweichte Kichererbsen in einem Sieb etwas abtropfen lassen. Kichererbsen mit Brühe in einem Topf zum Kochen bringen und zugedeckt etwa 25 Minuten bei mittlerer Hitze garen. Kichererbsen in ein Sieb geben und abtropfen lassen.

3. In der Zwischenzeit die Gemüsezwiebel abziehen, halbieren und in grobe Würfel schneiden. Knoblauch abziehen und grob zerkleinern. Petersilie abspülen und trocken tupfen. Die Blättchen von den Stängeln zupfen. Kichererbsen, Zwiebelwürfel, Knoblauchstücke und Petersilienblättchen in eine hohe Rührschüssel geben und fein pürieren. Mit Salz, Pfeffer, Kümmel, Koriander, Paprika und Minze pikant abschmecken. Speisestärke und Ei hinzugeben und nochmals kurz pürieren.

4. Aus der Püreemasse mit angefeuchteten Händen etwa 18 gleich große Bällchen formen. Speiseöl in einem hohen Topf oder in der Fritteuse auf etwa 170 °C erhitzen. Das Öl hat die richtige Temperatur, wenn sich an einem ins Fett gehaltenen Holzlöffel kleine Bläschen bilden.

5. Die Kichererbsenbällchen portionsweise in dem erhitzten Speiseöl 2–3 Minuten goldbraun frittieren, dabei evtl. wenden. Die Bällchen mit einer Schaumkelle herausnehmen, auf Küchenpapier abtropfen lassen und warm stellen.

Beilage: Champignon-Zucchini-Salat (2 Portionen). Hierfür 200 g Champignons putzen, mit Küchenpapier abreiben, evtl. kurz abspülen, trocken tupfen und in sehr dünne Scheiben schneiden. 1 kleine Zucchini abspülen, abtropfen lassen, die Enden abschneiden. Die Zucchini in dünne Scheiben schneiden. 1 Knoblauchzehe abziehen und durch eine Knoblauchpresse drücken. Für die Sauce den Saft von 1 Zitrone, mit ½ Teelöffel Zucker, 1 Teelöffel mittelscharfem Senf und Pfeffer verrühren. Nach und nach 100 g Schlagsahne unterschlagen, Sauce mit Salz abschmecken. Etwa 15 Basilikumblättchen abspülen, trocken tupfen und die Hälfte der Blättchen in Streifen schneiden. Die Champignon-, Zucchinischeiben, Knoblauch und Basilikumstreifen mit der Sauce vermengen. Mit den restlichen Basilikumblättchen garnieren.

Tipp: Zu den Kichererbsenbällchen schmeckt ein Kräuterdip, Quark oder Zaziki aus dem Kühlregal.

Variante: Falafel-Tasche (Foto, 2 Portionen, 4 Taschen). Dafür die Kichererbsenmasse wie im Rezept beschrieben zubereiten. Statt der kleinen Bällchen 4 flache Frikadellen formen. 1 ½ Esslöffel Speiseöl in einer großen Pfanne erhitzen. Die Frikadellen von jeder Seite etwa 3 Minuten bei mittlerer Hitze goldbraun braten. Frikadellen herausnehmen und abkühlen lassen. 4 Pita-Taschen aus Weizenmehl (Fertigprodukt) nach Packungsanleitung rösten, kurz abkühlen lassen und in der Mitte aufschneiden. Die Pita-Taschen mit 4 Esslöffeln Kräuterquark oder Zaziki (aus dem Kühlregal), 4 vorbereiteten Salatblättern, Kichererbsenfrikadellen und 2 vorbereiteten, in Scheiben geschnittenen Tomaten füllen.

Frische Tomatensuppe mit Käsecroûtons

Preiswert – kalorienarm
4 Portionen

Pro Portion: E: 9 g, F: 15 g, Kh: 20 g, kJ: 1074, kcal: 255, BE: 1,0

Für die Suppe:

1,2 kg	Fleischtomaten
2	Zwiebeln
1	Knoblauchzehe
2 EL	Speiseöl, z. B. Olivenöl
500 ml (½ l)	Gemüsebrühe
½ gestr. TL	Salz
	frisch gemahlener Pfeffer

Für die Käsecroûtons:

4 Scheiben	Toastbrot, z. B. Vollkorntoast
20 g	weiche Butter
	Salz, frisch gemahlener Pfeffer
etwas	gerebelter Thymian
1 TL	gehacktes Basilikum
50 g	frisch geriebener Parmesan-Käse
½–1 EL	Balsamico-Essig
1 Prise	Zucker
1–2 EL	gehacktes Basilikum

Zubereitungszeit: 30 Minuten
Garzeit: Suppe etwa 15 Minuten

1. Für die Suppe die Tomaten abspülen, abtrocknen, halbieren und die Stängelansätze herausschneiden. Tomatenhälften grob würfeln. Zwiebeln und Knoblauch abziehen, in kleine Würfel schneiden.

2. Das Speiseöl in einem Topf erhitzen. Zwiebel- und Knoblauchwürfel darin andünsten. Tomatenwürfel hinzugeben und unter mehrmaligem Wenden kurz mit andünsten. Brühe hinzugießen, mit Salz und Pfeffer würzen. Die Zutaten zum Kochen bringen und zugedeckt etwa 15 Minuten bei schwacher Hitze leicht kochen lassen, bis die Tomatenwürfel zerfallen sind. Die Suppe mit einem Stabmixer pürieren und anschließend durch ein Sieb passieren, um die Kerne und Fruchtschalen zu entfernen.

3. Den Backofen vorheizen.
Ober-/Unterhitze: etwa 240 °C
Heißluft: etwa 220 °C

4. Für die Käsecroûtons Toastbrotscheiben leicht rösten und erkalten lassen. Butter in eine kleine Schüssel geben. Mit Salz, Pfeffer, Thymian und Basilikum glatt rühren. Toastbrotscheiben mit der Basilikumbutter bestreichen und auf einem Backblech (mit Backpapier belegt) verteilen. Den Parmesan-Käse daraufstreuen. Das Backblech in den vorgeheizten Backofen schieben. Die Toastbrotscheiben insgesamt **3–4 Minuten von beiden Seiten goldbraun überbacken.**

5. Toastbrotscheiben etwas abkühlen lassen, vom Backblech nehmen und in kleine Würfel schneiden.

6. Die Tomatensuppe nochmals kurz erhitzen. Mit Salz, Pfeffer, Essig und Zucker abschmecken. Die Suppe mit Käsecroûtons und Basilikum anrichten.

Tipp: Die Suppe statt mit Käsecroûtons mit je einem Klecks Crème fraîche oder je 1 Teelöffel grünem Pesto servieren.

Frühlingszwiebeln in Bierteig

Mit Alkohol
6 Portionen

Pro Portion: E: 6 g, F: 25 g, Kh: 30 g,
kJ: 1547, kcal: 371, BE: 1,5

6 Bund	Frühlingszwiebeln (etwa 1 ½ kg, möglichst dünne Zwiebeln)

Für den Bierteig:

250 g	Weizenmehl
3	Eier (Größe M)
250 ml (¼ l)	helles Bier oder Malzbier
	Salz, frisch gemahlener Pfeffer

Zum Ausbacken:

750 g	Frittierfett

Zum Dippen:

200 g	Kräuter-Crème-fraîche

Zubereitungszeit: 30 Minuten, ohne Ruhezeit
Ausbackzeit: 3–5 Minuten je Portion

1. Frühlingszwiebeln größtenteils von dem Grün befreien. Wurzeln abschneiden. Frühlingszwiebeln gründlich waschen und mit Küchenpapier trocken tupfen.

2. Für den Teig Mehl in eine Rührschüssel geben und mit den Eiern gut verrühren. Bier unterrühren. Mit Salz und Pfeffer würzen. Den Teig etwa 20 Minuten ruhen lassen.

3. Zum Ausbacken Frittierfett in einem großen Topf oder in einer Fritteuse auf etwa 180 °C erhitzen.

4. Den Bierteig nochmals durchrühren. Die Frühlingszwiebeln durch den Bierteig ziehen, am Schüsselrand abstreifen und portionsweise in dem siedenden Ausbackfett 3–5 Minuten ausbacken.

5. Die Frühlingszwiebeln mit einem Schaumlöffel aus dem Fett nehmen, auf eine vorgewärmte Platte legen und warm stellen.

6. Zu den Frühlingszwiebeln Kräuter-Crème-fraîche zum Dippen reichen.

Tipp: Sie können auch Blumenkohl und Brokkoli im Bierteig zubereiten. Dazu je 750 kg Blumenkohl und Brokkoli putzen, abspülen, abtropfen lassen, in kleine Röschen teilen und in kochendem Salzwasser etwa 5 Minuten vorgaren. Den Bierteig wie angegeben zubereiten, eventuell 50 ml weniger Bier verwenden. Röschen mithilfe von zwei Gabeln durch den Teig ziehen und wie angegeben backen.

Gebackene Kartoffelspalten mit Avocadodip

Für Gäste
4 Portionen

Pro Portion: E: 9 g, F: 30 g, Kh: 48 g, kJ: 2095, kcal: 500, BE: 4,0

1 ½ kg	festkochende Kartoffeln
2 EL	Olivenöl
2–3 TL	grobes Meersalz

Für den Avocadodip:

300 g	kleine Tomaten
1	Knoblauchzehe
3	reife Avocados (etwa 550 g)
4 EL	Orangensaft
	Salz
1 Msp.	gemahlener Koriander
	Cayennepfeffer
1 Bund	glatte Petersilie

Zubereitungszeit: 25 Minuten
Backzeit: etwa 45 Minuten

1. Den Backofen vorheizen.
Ober-/Unterhitze: etwa 200 °C
Heißluft: etwa 180 °C

2. Kartoffeln unter fließendem kalten Wasser gründlich abbürsten und abtropfen lassen. Die Kartoffeln je nach Größe der Länge nach in 4 oder 6 Spalten schneiden.

3. Die Kartoffelspalten auf einem Backblech verteilen. Mit Olivenöl und Meersalz vermischen. Das Backblech in den vorgeheizten Backofen schieben. Kartoffelspalten unter gelegentlichem Wenden **etwa 45 Minuten backen.**

4. In der Zwischenzeit für den Dip Tomaten abspülen, abtropfen lassen, halbieren und die Stängelansätze herausschneiden. Die Tomatenhälften entkernen und in kleine Würfel schneiden. Den Knoblauch abziehen, durch eine Knoblauchpresse drücken und zu den Tomatenwürfeln geben.

5. Avocados in der Mitte längs durchschneiden und jeweils den Stein herausnehmen. Das Fruchtfleisch mit einem Löffel aus den Schalen lösen und mit einem Pürierstab grob pürieren. Püree unter die Tomatenwürfel rühren. Orangensaft unterrühren. Mit Salz, Koriander und Cayennepfeffer würzen.

6. Petersilie abspülen und trocken tupfen. Die Blättchen von den Stängeln zupfen. Die Blättchen klein schneiden und unter den Avocadodip rühren. Mit Salz, Orangensaft und Cayennepfeffer abschmecken. Die gebackenen Kartoffelspalten mit dem Avocadodip servieren.

Gebackene Käsewürfel auf Kohlrabiragout
Raffiniert – schnell
2 Portionen

Pro Portion: E: 33 g, F: 51 g, Kh: 17 g, kJ: 2761, kcal: 660, BE: 1,0

```
etwa 400 g  Kohlrabi
         1  kleine Zwiebel
      25 g  Butter
    1 Msp.  gerebelter Majoran
            Salz, frisch gemahlener Pfeffer
      50 ml Gemüsebrühe
```

Für die gebackenen Käsewürfel:
```
    200 g  Gouda- oder Edamer Käse
           (am Stück)
        1  Ei (Größe M)
     2 EL  Semmelbrösel
 etwa 80 g Butterschmalz
   ½ EL    frisch gehackte Petersilie
           oder TK-Petersilie
```

Zubereitungszeit: 30 Minuten
Garzeit: Kohlrabiragout etwa 10 Minuten

1. Von dem Kohlrabi die Blätter entfernen. Die zarten Blätter abspülen, trocken tupfen, in feine Streifen schneiden und zum Garnieren beiseitelegen. Kohlrabi schälen, abspülen, abtropfen lassen und in etwa 1 cm große Würfel schneiden.

2. Zwiebel abziehen und klein würfeln. Butter in einem Topf zerlassen. Die Zwiebelwürfel darin glasig dünsten. Kohlrabiwürfel mit Majoran, Salz und Pfeffer hinzufügen, unter Rühren kurz mitdünsten lassen. Brühe hinzugießen und zum Kochen bringen. Kohlrabiragout zugedeckt etwa 10 Minuten unter gelegentlichem Rühren bei schwacher Hitze dünsten.

3. Für die Käsewürfel in der Zwischenzeit Käse in etwa 2 cm große Würfel schneiden. Ei in einem tiefen Teller verschlagen. Semmelbrösel ebenfalls in einen tiefen Teller geben.

4. Die Käsewürfel zunächst durch das verschlagene Ei ziehen, am Tellerrand abstreifen und dann in den Semmelbröseln wenden. Panade leicht andrücken.

5. Jeweils die Hälfte des Butterschmalzes in einer großen Pfanne erhitzen. Käsewürfel darin in 2 Portionen von allen Seiten bei mittlerer Hitze goldgelb braten. Käsewürfel herausnehmen und auf Küchenpapier abtropfen lassen.

6. Das Kohlrabiragout auf einer Platte anrichten. Mit Petersilie und beiseitegelegten Kohlrabiblattstreifen garnieren. Die gebackenen Käsewürfel auf dem Kohlrabiragout verteilen und servieren.

Gebackene Rote Bete mit Nuss-Schmand

Raffiniert
4 Portionen

Pro Portion: E: 11 g, F: 38 g, Kh: 31 g, kJ: 2144, kcal: 512, BE: 2,5

600 g	Rote Bete
1 EL	Kümmelsamen
3	Lorbeerblätter
	Salz

Für den Nuss-Schmand:

80 g	geröstete Nusskerne, z. B. Haselnuss-, Walnuss-, Erdnusskerne, Mandeln
200 g	Schmand (Sauerrahm)
5 Stängel	Thymian
1	Bio-Zitrone (unbehandelt, ungewachst)
2–3 EL	Schlagsahne
	frisch gemahlener Pfeffer
	frisch geriebene Muskatnuss
1	Mini-Roma-Salat
2	Eier (Größe M)
etwa 50 g	Weizenmehl
etwa 60 g	feine Semmelbrösel
4 EL	Butterschmalz

Zubereitungszeit: 50 Minuten, ohne Abkühlzeit
Garzeit: Rote Bete 60–90 Minuten

1. Von der Roten Bete Wurzeln und Blätter etwa 3 cm hoch über den Knollen abschneiden. Die Knollen mit der Bürste unter fließendem kalten Wasser gründlich säubern.

2. Knollen mit Kümmel und Lorbeerblättern in kochendes Salzwasser geben, zum Kochen bringen und je nach Größe in 60–90 Minuten weich kochen lassen.

3. Für den Nuss-Schmand Nusskerne fein mahlen, in eine Schüssel geben und mit dem Schmand verrühren.

4. Thymian abspülen und trocken tupfen. Von 2 Stängeln die Blättchen von den Stängeln zupfen. Blättchen klein schneiden. Restliche Stängel beiseitelegen.

5. Die Zitrone heiß abwaschen, abtrocknen und die Hälfte der Schale abreiben.

6. Klein geschnittenen Thymian, Zitronenschale und etwas Sahne zum Nuss-Schmand geben und unterrühren. Mit Salz, Pfeffer und etwas Muskat abschmecken. Kalt stellen.

7. Salat putzen, in einzelne Blätter teilen, abspülen und trocken tupfen oder -schleudern. Die Salatblätter kalt stellen.

8. Rote Bete mit einem Schaumlöffel aus dem Kochwasser nehmen, mit kaltem Wasser abschrecken, abkühlen lassen, schälen und in Scheiben schneiden.

9. Eier in einem Teller verschlagen. Rote-Bete-Scheiben zuerst in Mehl wenden, überflüssiges Mehl abklopfen. Dann die Scheiben durch die verschlagenen Eier ziehen, am Tellerrand abstreifen und zuletzt in Semmelbröseln wenden. Panade gut andrücken.

10. Die Rote-Bete-Scheiben portionsweise in Butterschmalz braten. Dafür jeweils etwas Butterschmalz in einer großen Pfanne erhitzen. Die Rote-Bete-Scheiben von beiden Seiten goldbraun darin braten und kurz auf Küchenpapier abtropfen lassen.

11. Rote-Bete-Scheiben mit den Salatblättern und beiseitegelegten Thymianstängeln auf einer Platte anrichten.

12. Evtl. die restliche Sahne unter den Nuss-Schmand rühren. Nuss-Schmand mit den Rote-Bete-Scheiben servieren.

Beilage: Frischer Kopfsalat.

Tipps: Rote Bete am besten schon am Vortag kochen. Es gibt auch küchenfertige Rote Bete vakuumverpackt zu kaufen. Sie sind nicht gesäuert und nicht gewürzt. Wer diese Ware verwendet, spart sich Zeit und schmutzige Hände.

G

Gebratener Tofu mit Grünkern-Gemüse

Dauert länger
2 Portionen

Pro Portion: E: 33 g, F: 26 g, Kh: 47 g, kJ: 2347, kcal: 561, BE: 3,5

Für das Grünkern-Gemüse:

20 g	Butter oder Margarine
100 g	Grünkern
375 ml (³/₈ l)	Gemüsebrühe

Für den Tofu:

1	Bio-Zitrone (unbehandelt, ungewachst)
	frisch gemahlener Pfeffer
250 g	Tofu
300 g	Porree (Lauch)
250 g	frische Brech- oder Wachsbohnen
20 g	Kapern (aus dem Glas)
4 Stängel	Basilikum
1	Eiweiß (Größe M)
	Salz
20 g	Weizenmehl
3 EL	Speiseöl
1 TL	körniger Senf
	brauner Zucker (Rohrzucker)

Zubereitungszeit: 40 Minuten
Garzeit: Gemüse etwa 70 Minuten

1. Für das Gemüse Butter oder Margarine in einem Topf zerlassen. Grünkern darin unter Rühren andünsten. Brühe hinzugießen, zum Kochen bringen und zugedeckt etwa 60 Minuten bei schwacher Hitze garen.

2. Für den Tofu Zitrone heiß abwaschen, trocken tupfen und die Schale fein abreiben. Zitronenschale mit ½ Teelöffel gemahlenem Pfeffer mischen. Tofu trocken tupfen, in etwa 1 cm dicke Scheiben schneiden und mit der Zitronen-Pfeffer-Mischung bestreuen. Tofu zugedeckt stehen lassen.

3. Porree putzen, die Stangen längs halbieren, gründlich waschen, gut abtropfen lassen und quer in etwa 1 cm dicke Stücke schneiden. Von den Bohnen die Enden abschneiden, evtl. abfädeln, abspülen, abtropfen lassen und schräg in etwa ½ cm dicke Scheiben schneiden. Bohnen und Porreestücke zum Grünkern in den Topf geben, wieder zum Kochen bringen und zugedeckt etwa 10 Minuten bei mittlerer Hitze garen. Kapern abtropfen lassen und hinzugeben.

4. Basilikum abspülen und trocken tupfen. Die Blättchen von den Stängeln zupfen (einige Blättchen zum Garnieren beiseitelegen). Blättchen in breite Streifen schneiden.

5. Eiweiß verschlagen. Tofu mit Salz bestreuen, vorsichtig in dem verschlagenen Eiweiß wenden, abtropfen lassen und anschließend in Mehl wenden. Überschüssiges Mehl abschütteln.

6. Speiseöl in einer großen Pfanne erhitzen. Tofuscheiben etwa 2 Minuten bei mittlerer Hitze von jeder Seite goldbraun darin braten.

7. Das gegarte Grünkern-Gemüse mit Salz, Pfeffer, Senf und Zucker würzen. Die Basilikumstreifen unterheben. Die Tofuscheiben mit dem Gemüse anrichten. Mit den beiseitegelegten Basilikumblättchen garnieren.

Tipps: Zusätzlich 2 Esslöffel Crème fraîche unter das gegarte Gemüse rühren. Weichen, milden Tofu in Lake erhalten Sie in Asialäden. Er ist im Geschmack oft milder als der vakuumverpackte Tofu, allerdings nur einige Tage haltbar.

G

Gebratenes Gemüse mit Sesam-Grießnocken
Raffiniert
2 Portionen

Pro Portion: E: 14 g, F: 30 g, Kh: 37 g, kJ: 2007, kcal: 478, BE: 2,5

Für die Sesam-Grießnocken:
- 30 g geschälte Sesamsamen
- 100 ml Gemüsebrühe
- 20 g Butter oder Margarine
- 60 g Dinkelgrieß
- 1 Ei (Größe M)
- Salz

Für das Gemüse:
- 1 Kohlrabi (etwa 300 g)
- 300 g Möhren
- 1 Bund Frühlingszwiebeln (etwa 150 g)
- 2 EL Speiseöl
- ½ Bund Koriander
- 70 ml Gemüsebrühe
- frisch gemahlener Pfeffer
- frisch geriebene Muskatnuss
- 1–2 TL Zitronensaft

Zubereitungszeit: 45 Minuten

1. Für die Grießnocken Sesam in einer Pfanne ohne Fett unter Rühren goldbraun rösten, herausnehmen und auf einem Teller erkalten lassen.

2. Brühe und Butter oder Margarine in einem Topf zum Kochen bringen. Grieß unter Rühren einstreuen. So lange mit einem Kochlöffel weiterrühren, bis sich die Masse als Kloß vom Topfboden löst. Die Grießmasse in eine Rührschüssel geben. Zuerst Sesam, dann das Ei unterrühren. Die Grießmasse mit Salz würzen und etwas abkühlen lassen.

3. Für das Gemüse Kohlrabi und Möhren putzen, schälen, abspülen, abtropfen lassen und in dünne, etwa 4 cm lange Stifte schneiden. Frühlingszwiebeln putzen, abspülen, abtropfen lassen und schräg in etwa 2 cm lange Stücke schneiden.

4. In einem breiten Topf etwa 2 ½ Liter Wasser zum Kochen bringen. 1–2 Teelöffel Salz hinzufügen. Von der Grießmasse mit zwei kalt abgespülten Esslöffeln 12 Nocken abstechen und in das siedende (Wasser darf sich nur leicht bewegen) Wasser geben. Nocken etwa 10 Minuten ohne Deckel gar ziehen lassen.

5. Speiseöl in einer großen Pfanne erhitzen. Kohlrabi- und Möhrenstreifen darin bei starker Hitze anbraten. Das Gemüse etwa 8 Minuten bei mittlerer Hitze unter Wenden braten.

6. In der Zwischenzeit Koriander abspülen und trocken tupfen (einige Spitzen zum Garnieren beiseitelegen). Die Blättchen von den Stängeln zupfen.

7. Frühlingszwiebelstücke zu dem Gemüse in die Pfanne geben und etwa 3 Minuten bei schwacher Hitze mitgaren.

8. Die Brühe hinzugießen und zum Kochen bringen. Das Gemüse mit Salz, Pfeffer, Muskat und Zitronensaft würzen. Zwei Drittel der Korianderblättchen unterheben. Das Gemüse auf einer Platte anrichten.

9. Die Nocken mit einer Schaumkelle aus dem Salzwasser nehmen, abtropfen lassen und auf dem Gemüse verteilen. Mit restlichen Korianderblättchen bestreuen und mit beiseitegelegten Korianderspitzen garnieren.

Tipp: Anstelle des frischen Korianders können Sie auch Kerbel oder Petersilie verwenden.

Gefüllte Kartoffelplätzchen
Etwas Besonderes
2 Portionen (8 Plätzchen)

Pro Portion: E: 12 g, F: 27 g, Kh: 44 g, kJ: 1994, kcal: 476, BE: 3,5

Für die Kartoffelplätzchen:
- 600 g mehligkochende Kartoffeln
- Salz
- ½ Zwiebel
- frisch gemahlener Pfeffer
- frisch geriebene Muskatnuss

Für die Füllung:
- 1 Knoblauchzehe
- 60 g getrocknete Tomaten, in Öl
- ½ Bund glatte Petersilie
- 30 g frisch geraspelter Emmentaler Käse

- 4 EL Olivenöl

Zubereitungszeit: 45 Minuten, ohne Abkühlzeit

1. Für die Kartoffelplätzchen die Kartoffeln waschen, schälen, abspülen, abtropfen lassen. Die Kartoffeln in einem großen Topf knapp mit Wasser bedeckt zum Kochen bringen, Salz hinzufügen. Kartoffeln zugedeckt etwa 10 Minuten kochen.

2. Kartoffeln abgießen, abdämpfen, etwas abkühlen lassen und auf der Haushaltsreibe grob raspeln.

3. Zwiebelhälfte abziehen und fein würfeln. Zwiebelwürfel mit den Kartoffelraspeln vermengen. Mit Salz, Pfeffer und Muskat würzen.

4. Für die Füllung Knoblauch abziehen und durch eine Knoblauchpresse drücken. Tomaten in einem Sieb abtropfen lassen und in kleine Würfel schneiden.

5. Petersilie abspülen und trocken tupfen. Die Blättchen von den Stängeln zupfen. Blättchen klein schneiden. Petersilie, Knoblauch und Tomatenwürfel mit den Käseraspeln vermischen.

6. Aus dem Kartoffelteig eine Rolle formen und in 16 gleich große Stücke teilen. Teigstücke etwas flach drücken. Jeweils 1 Teigplatte mit 2 Teelöffeln von der Füllung belegen, mit einer zweiten Teigplatte belegen und etwas andrücken. Die gefüllten Teigplatten zu runden Plätzchen formen.

7. Olivenöl in einer großen Pfanne erhitzen. Die Kartoffelplätzchen darin von jeder Seite 5–6 Minuten knusprig braun braten.

Beilage: Erbsen in Parmesansauce (2 Portionen). Dafür ½ Zwiebel und 1 Knoblauchzehe abziehen, klein würfeln. Zwiebel- und Knoblauchwürfel in ½ Esslöffel zerlassener Butter glasig dünsten. 300 g TK-Erbsen hinzugeben, kurz mitdünsten lassen. 125 g Schlagsahne hinzugießen, aufkochen lassen, mit Salz und Pfeffer würzen. Erbsen zugedeckt bei schwacher Hitze etwa 10 Minuten garen, dabei ab und zu umrühren. Zuletzt 50 g frisch geriebenen Parmesan-Käse unterrühren.

Tipp: Statt der Tomaten- eine Kräuterfüllung zubereiten. Dafür je 1 Bund Petersilie und Schnittlauch abspülen, trocken tupfen. Die Blättchen von den Petersilienstängeln zupfen und klein schneiden. Schnittlauch in feine Röllchen schneiden. Kräuter mit Knoblauch und Käseraspeln vermengen. Die Kartoffelplätzchen wie im Rezept beschrieben füllen und braten.

G

Gefüllte Mangoldpäckchen auf Gemüse
Raffiniert
12 Portionen

Pro Portion: E: 7 g, F: 10 g, Kh: 34 g, kJ: 1043, kcal: 250, BE: 2,5

400 g	Klebreis (erhältlich im Asialaden)
500 ml (½ l)	kaltes Wasser
½ gestr. TL	Salz
4 Stauden	Mangold (etwa 1 kg, kurzstielige Sorte, pro Staude etwa 10 Blätter) Salz
4	dicke Möhren (etwa 450 g)
2 Dosen	Bambussprossen in Streifen (Abtropfgewicht je 220 g)
2 Dosen	Sojabohnenkeimlinge (Abtropfgewicht je 220 g)
150 g	Shiitake-Pilze
120 g	Butter oder Margarine
100 ml	Sud (von den Bambussprossen und Sojabohnenkeimlingen)
50 g	Mango-Chutney Sojasauce süße Chilisauce

Außerdem:
Bastfäden oder Küchengarn

Zubereitungszeit: 50 Minuten, ohne Einweichzeit
Garzeit: etwa 15 Minuten

1. Klebreis im Wasser etwa 60 Minuten einweichen. Anschließend mit dem Einweichwasser und Salz zum Kochen bringen und etwa 15 Minuten garen, bis ein Brei entstanden ist. Den Brei in eine flache Form geben und erkalten lassen.

2. Mangoldstauden putzen, mehrmals gründlich waschen und abtropfen lassen. Mangoldstiele in Streifen schneiden. Mangoldblätter in kochendem Salzwasser etwa 2 Minuten blanchieren, mit kaltem Wasser abschrecken, abtropfen lassen und mit Küchenpapier trocken tupfen.

3. Möhren putzen, schälen, abspülen, abtropfen lassen und in feine Streifen schneiden. Bambussprossen und Sojabohnenkeimlinge in einem Sieb abtropfen lassen, dabei den Sud auffangen und 100 ml abmessen. Pilze mit Küchenpapier abreiben, evtl. kurz abspülen, trocken tupfen und in Scheiben schneiden.

4. Den Backofen vorheizen.
Ober-/Unterhitze: etwa 180 °C
Heißluft: etwa 160 °C

5. Jeweils etwas Butter oder Margarine in einem Topf zerlassen. Möhrenstreifen, Bambussprossen, Sojabohnenkeimlinge und Pilzscheiben darin portionsweise unter Rühren andünsten, mit dem abgemessenen Sud ablöschen. Mit Mango-Chutney, Soja- und Chilisauce kräftig würzen. Gemüse in eine Fettpfanne (gefettet) oder große Auflaufform (gefettet) geben.

6. Mangoldblätter ausbreiten. Auf jedes Blatt 1 Esslöffel Klebreis geben. Mangoldblätter jeweils zusammenfalten. Mit Bast oder Küchengarn verschnüren. Die Päckchen auf das Gemüse setzen. Die Fettpfanne oder die Form auf dem Rost in den vorgeheizten Backofen schieben. Die Mangoldpäckchen **etwa 15 Minuten garen.**

Gemischtes, gedünstetes Kohlgemüse

Gut vorzubereiten
12 Portionen

Pro Portion: E: 14 g, F: 23 g, Kh: 15 g,
kJ: 1337, kcal: 319, BE: 1,0

1	Blumenkohl (etwa 1 kg)
2	Brokkoli (je etwa 500 g)
2	Kohlrabi (je etwa 400 g)
800 g	Rosenkohl
1	kleiner Wirsing (etwa 700 g)
	Salz
	frisch gemahlener Pfeffer
	frisch geriebene Muskatnuss
200 g	Butter oder Margarine
200 g	gehackte Erdnusskerne
100 g	Semmelbrösel

Zubereitungszeit: 70 Minuten
Garzeit: etwa 20 Minuten

1. Von dem Blumenkohl und Brokkoli die Blätter und schlechten Stellen entfernen. Von dem Blumenkohl den Strunk abschneiden. Blumenkohl und Brokkoli abspülen, abtropfen lassen und in Röschen teilen. Kohlrabi putzen, schälen, abspülen, abtropfen lassen. Kohlrabi zunächst in Scheiben, dann in Stifte schneiden.

2. Rosenkohl von den schlechten, äußeren Blättern befreien und etwas vom Strunk abschneiden. Die Röschen am Strunk kreuzweise einschneiden, abspülen und abtropfen lassen. Von dem Wirsing die groben, äußeren Blätter lösen. Wirsing vierteln und den Strunk herausschneiden. Wirsingviertel abspülen, abtropfen lassen und grob würfeln.

3. Den Backofen vorheizen.
Ober-/Unterhitze: etwa 180 °C
Heißluft: etwa 160 °C

4. Das vorbereitete Gemüse getrennt voneinander in kochendem Salzwasser einige Minuten bissfest garen. Anschließend das Gemüse in ein Sieb geben, mit eiskaltem Wasser abschrecken und abtropfen lassen.

5. Die einzelnen Gemüsesorten nebeneinander auf ein Backblech (gefettet, mit Backpapier belegt) legen. Mit Salz, Pfeffer und Muskat würzen.

6. Butter oder Margarine in einer Pfanne zerlassen. Erdnusskerne und Semmelbrösel darin unter Rühren leicht anrösten, herausnehmen und auf den Gemüsesorten verteilen. Das Backblech in den vorgeheizten Backofen schieben. Das Kohlgemüse **etwa 20 Minuten garen.**

Tipp: Dazu passen eine holländische Sauce und gebratene Rosmarinkartoffeln.

G

Gemüsecurry mit Brokkoli und Minz-Joghurt

Etwas Besonderes
4 Portionen

Pro Portion: E: 18 g, F: 28 g, Kh: 60 g, kJ: 2418, kcal: 581, BE: 4,5

Für den Minz-Joghurt:
4 Stängel	Minze
250 g	Joghurt
	Salz
1 Msp.	gemahlener Koriander

Für das Gemüsecurry:
3	Zwiebeln (etwa 150 g)
2	Knoblauchzehen
500 g	Brokkoli
300 g	TK-Brechbohnen
20 g	Butterschmalz
80 g	gelbe Linsen
1–2 EL	Currypulver, z. B. Madras-Curry
400 ml	Kokosmilch
125 ml (⅛ l)	Wasser

Für den Reis:
200 g	Basmati-Reis
2 Kapseln	grüner Kardamom
1 EL	schwarze Sesamsamen (erhältlich im Asialaden)

Zubereitungszeit: 35 Minuten
Garzeit: Gemüsecurry etwa 25 Minuten

1. Für den Minz-Joghurt die Minze abspülen und trocken tupfen. Die Blättchen von den Stängeln zupfen (einige Blättchen zum Garnieren beiseitelegen). Blättchen in feine Streifen schneiden.

2. Minzestreifen mit dem Joghurt verrühren. Mit Salz und Koriander würzen, kalt stellen.

3. Für das Curry Zwiebeln abziehen, halbieren und in feine Spalten schneiden. Knoblauch abziehen und in dünne Streifen schneiden.

4. Von dem Brokkoli die Blätter entfernen. Brokkoli in kleine Röschen teilen. Brokkolistiel schälen und in etwa 1 cm große Würfel schneiden. Brokkoliröschen und -würfel abspülen und abtropfen lassen.

5. Gefrorene Bohnen in kochendem Salzwasser etwa 7 Minuten garen.

6. In der Zwischenzeit Butterschmalz in einem Topf erhitzen. Zwiebelspalten und Knoblauchstreifen darin andünsten.

7. Gelbe Linsen und Curry hinzugeben, kurz mit andünsten. Kokosmilch und Wasser hinzugießen, zum Kochen bringen. Linsen etwa 15 Minuten bei schwacher Hitze garen.

8. Gegarte Bohnen in ein Sieb geben, mit eiskaltem Wasser abspülen und abtropfen lassen.

9. Die Brokkoliröschen und -würfel in kochendem Salzwasser etwa 3 Minuten kochen.

10. Brokkoli in ein Sieb geben, mit eiskaltem Wasser abspülen und abtropfen lassen.

11. Für den Reis Reis 2–3-mal waschen und in einem Sieb abtropfen lassen. Reis nach Packungsanleitung mit kaltem Wasser und Kardamom in einem Topf zum Kochen bringen und bei schwacher Hitze garen.

12. Sesam in einer Pfanne ohne Fett rösten, bis er duftet. Sesam herausnehmen und auf einem Teller abkühlen lassen.

13. Bohnen und Brokkoli zum Linsen-Gemüse geben. Das Gemüse unter Rühren aufkochen. Mit Salz abschmecken.

14. Die Hälfte des gerösteten Sesams unter den Reis rühren. Den Reis mit Salz abschmecken.

15. Gemüsecurry mit Reis und Minze-Joghurt anrichten. Den Reis mit restlichem Sesam bestreuen.

16. Das Gemüsecurry mit beiseitegelegten Minzeblättchen garnieren.

Gemüsemuffins mit Käsedip
Raffiniert
12 Muffins

Pro Stück: E: 13 g, F: 21 g, Kh: 20 g, kJ: 1380, kcal: 330, BE: 1,5

Zum Vorbereiten:
- 1 gelbe Paprikaschote
- 2 Strauchtomaten
- 1 kleine Zucchini
- 1 Bund Basilikum
- 100 g Bacon (Schinkenspeck)

Für den Teig:
- 150 g Weizenmehl
- 100 g Maismehl
- 2 gestr. TL Dr. Oetker Backin
- 1 TL Paprikapulver edelsüß
- 2 gestr. TL Natron
- 200 g Joghurt
- 100 ml Milch
- 1 Ei (Größe M)
- 40 ml Olivenöl
- 1 gestr. TL Salz

Für den Käsedip:
- 1 Bund Schnittlauch
- 1 Bund Frühlingszwiebeln
- 400 g Doppelrahm-Frischkäse
- 200 g Joghurt
- 150 g würziger Bergkäse
- Salz
- frisch gemahlener Pfeffer

Außerdem:
- 12 Papierbackförmchen

Zubereitungszeit: 60 Minuten
Backzeit: etwa 25 Minuten

1. Zum Vorbereiten die Paprikaschote mit einem Sparschäler grob schälen, halbieren, entstielen, entkernen und die weißen Scheidewände entfernen. Schotenhälften abspülen, abtropfen lassen und in Würfel schneiden. Die Tomaten abspülen, trocken tupfen, halbieren, entstielen und entkernen. Tomatenhälften würfeln.

2. Zucchini abspülen, trocken tupfen und die Enden abschneiden. Zucchini zuerst längs in Scheiben, dann in kleine Würfel schneiden.

3. Das Basilikum abspülen und trocken tupfen. Die Blättchen von den Stängeln zupfen. Blättchen klein schneiden.

4. Bacon in Würfel schneiden, in einer Pfanne ohne Fett ausbraten, herausnehmen und auf Küchenpapier abtropfen lassen.

5. Den Backofen vorheizen.
Ober-/Unterhitze: etwa 180 °C
Heißluft: etwa 160 °C

6. Für den Teig Mehl mit Maismehl in eine Rührschüssel geben. Backpulver, Paprika und Natron untermischen. Joghurt, Milch, Ei, Olivenöl und Salz hinzugeben. Die Zutaten mit Handrührgerät mit Knethaken zunächst kurz auf niedrigster, danach auf höchster Stufe zu einem glatten Teig verkneten.

7. Vorbereitetes Gemüse, Basilikum und Speckwürfel unterarbeiten.

8. Den Teig in eine Muffinform (für 12 Muffins, mit Papierbackförmchen ausgelegt) geben und glatt streichen.

9. Die Form auf dem Rost in den vorgeheizten Backofen schieben. Muffins **etwa 25 Minuten backen.**

10. In der Zwischenzeit für den Käsedip Schnittlauch abspülen, trocken tupfen und in Röllchen schneiden. Die Frühlingszwiebeln putzen, abspülen, abtropfen lassen und in feine Ringe schneiden.

11. Schnittlauchröllchen, Frühlingszwiebelringe, Frischkäse und Joghurt in eine Schüssel geben. Käse grob reiben und hinzugeben. Die Zutaten zu einer glatten Masse verrühren. Den Dip mit Salz und Pfeffer kräftig abschmecken.

12. Die Muffins aus der Form heben und auf Tellern verteilen. Die Muffins warm oder kalt mit dem Dip servieren.

G

Gemüseschnitzel

Einfach
1 Portion

Insgesamt: E: 12 g, F: 21 g, Kh: 51 g, kJ: 1851, kcal: 442, BE: 4,0

200 g	Gemüse, z. B. Knollensellerie, Zucchini, Steckrübe, Süßkartoffel, Rote Bete
	Salz
	frisch gemahlener Pfeffer
2 EL	Weizenmehl
4 EL	Semmelbrösel
1	Ei (Größe S)
1½ EL	Speiseöl, z. B. Rapsöl
15 g	Butter

Zubereitungszeit: 30 Minuten

1. Gemüse putzen, schälen, abspülen und abtropfen lassen. Das Gemüse in etwa ½ cm dicke Scheiben schneiden und in kochendem Salzwasser 3–5 Minuten garen. Gemüsescheiben in einem Sieb gut abtropfen lassen. Mit Salz und Pfeffer würzen.

2. Mehl, Semmelbrösel und Ei in je einen tiefen Teller geben. Ei verschlagen. Die Gemüsescheiben zunächst in Mehl wenden, danach durch das verschlagene Ei ziehen und zuletzt in Semmelbröseln wenden. Panade leicht andrücken.

3. Speiseöl in einer großen Pfanne erhitzen. Gemüsescheiben darin von jeder Seite etwa 2 Minuten goldgelb braten. Kurz vor Ende der Bratzeit die Butter zu den Gemüsescheiben in die Pfanne geben und zerlassen. Gemüsescheiben herausnehmen und auf einem Teller anrichten.

Beilage: Champignon-Reis-Salat (2 Portionen). Dafür 50 g Naturreis mit 150 ml Gemüsebrühe in einem Topf zum Kochen bringen und zugedeckt etwa 30 Minuten bei schwacher Hitze nach Packungsanleitung garen. Reis in einem Sieb abtropfen und abkühlen lassen. 1 Frühlingszwiebel putzen, abspülen, abtropfen lassen und in feine Ringe schneiden. 50 g Joghurt mit 25 g Joghurt-Salatcreme verrühren, mit Salz, Pfeffer, Zucker und etwas Cayennepfeffer abschmecken. Mit den Frühlingszwiebelringen unter den Reis heben. Den Salat mit Frischhaltefolie zugedeckt etwa 30 Minuten in den Kühlschrank stellen. 50 g Champignons putzen, mit Küchenpapier abreiben, evtl. kurz abspülen, trocken tupfen, halbieren oder in Scheiben schneiden. 1 Esslöffel Speiseöl in einer kleinen Pfanne erhitzen. Die Champignonhälften oder -scheiben darin etwa 2 Minuten unter Rühren braten. Mit Salz und Pfeffer würzen, abkühlen lassen. Etwa 100 g Möhren putzen, schälen, abspülen, abtropfen lassen und in feine Stifte schneiden. ½ gelbe Paprikaschote entstielen, entkernen, weiße Scheidewände entfernen. Schote abspülen, abtrocknen, fein würfeln. Pilze, Möhren und Paprika unter den kalt gestellten Reissalat mischen.

Tipps: Die Gemüseschnitzel als vegetarisches Hauptgericht, z. B. mit einem **Kräuterquark** (1 Portion) servieren. Für den Quark 1 kleine Zwiebel abziehen und fein würfeln. 100 g Magerquark mit 1 Esslöffel Milch, 2 Esslöffeln Crème fraîche und den Zwiebelwürfeln verrühren. Mit Salz und Pfeffer würzen. 2 Esslöffel gemischte, frisch gehackte Kräuter, z. B. Schnittlauch, glatte Petersilie, Kerbel, Dill, unterrühren. Knollensellerie, Zucchini und Steckrübe müssen nicht unbedingt in kochendem Salzwasser vorgegart werden. Hier reicht es, wenn die panierten Gemüsescheiben gleich in der Pfanne gebraten werden. Wichtig: Dann die Gemüsescheiben 3–4 Minuten pro Seite braten.

Variante: Sie können Gemüseschnitzel auch mit unterschiedlichen Panaden zubereiten. Dafür nur 3 Esslöffel Semmelbrösel mit 1 Esslöffel frisch geriebenem Parmesan-Käse oder 10 g fein gehackten Sonnenblumenkernen mischen. Ersetzen Sie die Semmelbrösel durch 50 g zerkleinerte Cornflakes, dann erhalten Sie eine knusprige Panade.

G

Gemüsesuppe mit Grießnocken
Klassisch – macht richtig satt
4 Portionen

Pro Portion: E: 9 g, F: 24 g, Kh: 26 g, kJ: 1487, kcal: 355, BE: 2,0

Für die Gemüsesuppe:
3	Zwiebeln
2	Knoblauchzehen
2 Bund	Suppengrün (Sellerie, Möhren, Porree)
etwa 100 g	Petersilienwurzeln
50 ml	Speiseöl, z. B. Rapsöl
3 l	Wasser
1 gestr. EL	Salz
2	Lorbeerblätter
1 TL	Pfefferkörner

Für die Grießnocken:
500 ml (½ l)	Milch
25 g	Butter
½ gestr. TL	Salz
	frisch geriebene Muskatnuss
100 g	Hartweizengrieß
1	Ei (Größe M)
½ Bund	Schnittlauch

Zubereitungszeit: 40 Minuten
Garzeit: Suppe etwa 60 Minuten, Nocken etwa 4 Minuten

1. Für die Suppe Zwiebeln und Knoblauch abziehen, in kleine Würfel schneiden. Suppengrün putzen, schälen, abspülen und abtropfen lassen. Das Suppengrün grob würfeln. Petersilienwurzeln putzen, schälen, abspülen, abtropfen lassen und ebenfalls würfeln.

2. Speiseöl in einem großen Topf erhitzen. Zwiebel- und Knoblauchwürfel darin andünsten. Vorbereitete Gemüsewürfel hinzugeben und unter Rühren kurz mit andünsten.

3. Das Wasser hinzugießen. Salz, Lorbeerblätter und Pfefferkörner hinzufügen. Die Zutaten zum Kochen bringen. Gemüse ohne Deckel etwa 60 Minuten bei schwacher bis mittlerer Hitze kochen lassen.

4. Für die Grießnocken in der Zwischenzeit Milch, Butter, Salz und Muskat in einem Topf zum Kochen bringen. Grieß unter Rühren einstreuen und unter Rühren einmal stark aufkochen. Grieß 3–4 Minuten bei schwacher Hitze kochen lassen, bis ein dicker Grießbrei entstanden ist.

5. Den Grießbrei in eine Rührschüssel geben, Ei unterrühren. Mit Salz und Muskat abschmecken.

6. Salzwasser in einem Topf zum Kochen bringen. Mithilfe von zwei Esslöffeln Nocken von dem Grießbrei abstechen und in das kochende Salzwasser geben. Die Nocken etwa 4 Minuten bei schwacher Hitze gar ziehen lassen. Die Nocken sind gar, wenn sie an der Oberfläche schwimmen.

7. Die Grießnocken mit einer Schaumkelle aus dem Salzwasser nehmen, abtropfen lassen und auf einen Teller legen. Schnittlauch abspülen, trocken tupfen und in feine Röllchen schneiden.

8. Die gare Brühe durch ein Sieb in einen Topf gießen. Die Nocken in die Brühe geben und etwa 4 Minuten erhitzen. Die Suppe auf Tellern anrichten und mit Schnittlauchröllchen bestreut servieren.

Tipps: Falls die Nocken beim Garen auseinanderfallen zusätzlich 1 Esslöffel Speisestärke unter den Grießbrei rühren. Es ist ratsam, zuerst eine Probenocke zuzubereiten.

Geschmortes Ofengemüse mit Walnusspesto
Für Gäste
4 Portionen

Pro Portion: E: 7 g, F: 24 g, Kh: 27 g, kJ: 1503, kcal: 359, BE: 2,0

Für das Ofengemüse:
- 500 g kleine Kartoffeln (je etwa 50 g)
- 250 g dicke Bundmöhren
- 275 g dicke Pastinaken
- Salz
- 10 Wacholderbeeren
- 1 TL Koriandersamen
- 5 EL Olivenöl
- 300 ml Gemüsebrühe (evtl. gekörnte Bio-Brühe)
- 300 g Hokkaido-Kürbis
- 1 TL Zucker
- Cayennepfeffer
- 4 Stängel Thymian

Für das Pesto:
- 25 g Walnusskerne
- ½ Bund glatte Petersilie
- 2 EL Walnussöl
- 1 TL mittelscharfer Senf
- frisch gemahlener, schwarzer Pfeffer
- 25 g Bergkäse (am Stück)

Zubereitungszeit: 30 Minuten
Garzeit: etwa 60 Minuten

1. Den Backofen vorheizen.
Ober-/Unterhitze: etwa 200 °C
Heißluft: etwa 180 °C

2. Für das Ofengemüse Kartoffeln unter fließendem kalten Wasser gründlich abbürsten, trocken tupfen und mit der Schale halbieren. Möhren und Pastinaken putzen, schälen, abspülen, abtropfen lassen und der Länge nach halbieren. Die Kartoffel-, Möhren- und Pastinakenhälften auf ein Backblech legen. Mit Salz, Wacholderbeeren, Koriander, 2 Esslöffeln Olivenöl und 150 ml der Brühe mischen und gleichmäßig verteilen.

Das Backblech in den vorgeheizten Backofen schieben. Die Kartoffeln mit dem Gemüse **etwa 60 Minuten garen.** Dabei nach und nach die restliche Brühe hinzugießen.

3. In der Zwischenzeit den Kürbis halbieren. Die Kerne mit einem Löffel herausschaben. Kürbishälften in etwa 3 cm breite Spalten schneiden. Kürbisspalten schälen, mit Salz, Zucker und Cayennepfeffer einreiben. Thymian abspülen und trocken tupfen. Kürbisspalten und Thymianstängel nach etwa 20 Minuten Garzeit zu den Kartoffeln und dem Gemüse auf das Backblech geben.

4. Für das Pesto Walnusskerne grob hacken. Petersilie abspülen und trocken tupfen. Die Blättchen von den Stängeln zupfen. Blättchen grob zerkleinern. Walnusskerne und Petersilie mit dem Walnussöl, restlichem Olivenöl, Senf, Salz und Pfeffer im Blitzhacker zu einem Pesto pürieren. Bergkäse entrinden, fein reiben und unter das Pesto rühren.

5. Das Ofengemüse mit dem Pesto beträufeln und sofort servieren.

Glasnudel-Rohkost
Raffiniert – schnell
1 Portion

Insgesamt: E: 6 g, F: 19 g, Kh: 66 g, kJ: 1947, kcal: 463, BE: 5,0

1 EL	ungeschälte Sesamsamen
10 g	Ingwerwurzel
	Saft von
½	rosa oder weißen Grapefruit (50 ml)
1 EL	dunkles Sesamöl
	frisch gemahlenes Meersalz
75 g	Mango (ohne Stein gewogen)
½	rote Paprikaschote (etwa 100 g)
1	Möhre (etwa 100 g)
50 g	Glasnudeln
etwas	Koriandergrün oder Minze oder Zitronenmelisse

Zubereitungszeit: 20 Minuten

1. Den Sesam in einer Pfanne ohne Fett unter Rühren rösten, herausnehmen und auf einem Teller erkalten lassen. Ingwer schälen, abspülen, trocken tupfen und in sehr kleine Würfel schneiden.

2. Grapefruitsaft mit Ingwerwürfeln in einer Schüssel verrühren. Sesamöl unterschlagen. Mit Meersalz würzen.

3. Mango halbieren und den Stein herausnehmen. Mangohälften schälen und in feine Streifen schneiden. Paprikaschotenhälfte entstielen, entkernen und die weißen Scheidewände entfernen. Schotenhälfte abspülen, abtropfen lassen und in feine Streifen schneiden. Möhre putzen, schälen, abspülen, abtropfen lassen und in feine Streifen hobeln oder raffeln. Mango-, Paprika- und Möhrenstreifen oder -raffel zu der Vinaigrette in die Schüssel geben und untermischen.

4. Glasnudeln in einer Schüssel mit reichlich kochendem Wasser übergießen und in 4–5 Minuten weich werden lassen. Glasnudeln in ein Sieb geben, mit kaltem Wasser abspülen, abtropfen lassen und mit der Küchenschere kürzer schneiden.

5. Die Glasnudeln unter den Salat mischen. Koriandergrün oder Minze oder Melisse abspülen und trocken tupfen. Die Blättchen von den Stängeln zupfen. Blättchen in Streifen schneiden. Die Glasnudel-Rohkost mit dem gerösteten Sesam und den Kräuterstreifen bestreuen.

Gratinierte Möhren mit Quinoa und Schafkäse

Für Gäste
4 Portionen

Pro Portion: E: 19 g, F: 25 g, Kh: 41 g, kJ: 1943, kcal: 464, BE: 3,5

170 g	einfarbiges Quinoa
2	Schalotten (etwa 70 g)
200 g	Staudensellerie
20 g	getrocknete Tomaten
5 EL	Olivenöl
500 ml (½ l)	Gemüsebrühe
1 ½ kg	kleine Möhren
	Salz, frisch gemahlener Pfeffer
200 g	Schafkäse

Zubereitungszeit: 45 Minuten
Gratinierzeit: etwa 15 Minuten

1. Quinoa gründlich waschen und in einem Sieb abtropfen lassen. Die Schalotten abziehen, zuerst in Scheiben schneiden, dann in Ringe teilen.

2. Staudensellerie putzen und die harten Außenfäden abziehen. Stangen abspülen, abtropfen lassen und in schmale Scheiben schneiden. Selleriegrün beiseitelegen. Tomaten in schmale Streifen schneiden.

3. Zwei Esslöffel des Olivenöls in einem Topf erhitzen. Schalottenringe, Quinoa und Tomatenstreifen darin unter Rühren andünsten. 375 ml (⅜ l) von der Brühe hinzugießen, zum Kochen bringen und zugedeckt etwa 12 Minuten bei mittlerer Hitze vorgaren. Selleriescheiben zugeben, etwa 5 Minuten mitgaren lassen.

4. In der Zwischenzeit Möhren putzen, schälen, dabei etwa 1 cm von den Stängelansätzen stehen lassen. Möhren abspülen und abtropfen lassen. Dicke Möhren der Länge nach halbieren oder vierteln.

5. Zwei weitere Esslöffel Olivenöl in einem großen, flachen Topf erhitzen. Die Möhren darin portionsweise andünsten. Die restliche Brühe hinzugießen und zum Kochen bringen. Möhren zugedeckt etwa 12 Minuten bei mittlerer Hitze dünsten.

6. Den Backofen vorheizen.
Ober-/Unterhitze: etwa 200 °C
Heißluft: etwa 180 °C

7. Quinoa-Gemüse mit Salz und Pfeffer würzen und in eine flache Auflaufform (etwa 2 ½-Liter-Inhalt, gefettet) geben. Möhren darauf verteilen.

8. Schafkäse trocken tupfen, in kleine Stücke teilen und auf die Möhren legen. Mit restlichem Olivenöl beträufeln. Die Form auf dem Rost in den vorgeheizten Backofen schieben. Die Möhren mit Quinoa **etwa 15 Minuten goldbraun überbacken.**

9. Beiseitegelegtes Selleriegrün klein zupfen. Die gratinierten Möhren mit dem Selleriegrün garnieren.

Tipps: Quinoa stammt aus Südamerika. Es hat sehr kleine, runde Körner, sieht ähnlich aus wie Hirse und kann auch so verwendet werden. Es ist glutenfrei. Im Bio-Handel werden rote oder weiße Körner oder eine Mischung aus weißen, roten und schwarzen Körnern angeboten. Im Geschmack ist Quinoa etwas feiner als Hirse.

Gratinierte Pfannkuchentürme

Raffiniert – etwas aufwendiger
4 Portionen

Pro Portion: E: 34 g, F: 40 g, Kh: 50 g, kJ: 2936, kcal: 698, BE: 3,5

Für den Pfannkuchenteig:
- 220 g Dinkel-Vollkornmehl
- 4 Eier (Größe M)
- 1 TL flüssiger Blütenhonig
- 350 ml Milch
- 100 ml Mineralwasser mit Kohlensäure
- ½ gestr. TL Salz

Für die Füllung:
- 2 Schalotten (etwa 40 g)
- 500 g Fenchel
- 600 g Zucchini
- 2 EL Olivenöl
- Salz
- frisch gemahlener Pfeffer

etwa 4 EL Olivenöl

Für den Belag:
- 200 g Mozzarella-Käse
- 8 Tomaten (etwa 350 g)
- 40 g frisch geriebener Parmesan-Käse

Zubereitungszeit: 60 Minuten, ohne Ruhezeit
Backzeit: etwa 20 Minuten

1. Für den Teig Mehl in eine Rührschüssel geben. Eier mit Honig, Milch, Mineralwasser und Salz verschlagen. Die Eiermilch nach und nach unter Rühren zum Mehl geben. Dabei darauf achten, dass keine Klümpchen entstehen. Den Teig zugedeckt etwa 30 Minuten ruhen lassen.

2. Für die Füllung die Schalotten abziehen, halbieren und in Streifen schneiden. Von den Fenchelknollen die Stiele dicht oberhalb der Knollen abschneiden. Die Knollen abspülen, abtropfen lassen, halbieren und quer in Streifen schneiden. Das Fenchelgrün in eine kleine Schüssel mit Wasser geben und beiseitestellen. Zucchini abspülen, abtrocknen und die Enden abschneiden. Zucchini in schmale Scheiben schneiden.

3. Olivenöl in einem Topf erhitzen. Schalottenstreifen darin etwa 2 Minuten andünsten. Die Fenchelstreifen hinzugeben und zugedeckt etwa 5 Minuten bei mittlerer Hitze dünsten. Zucchinischeiben hinzugeben und weitere etwa 3 Minuten dünsten. Mit Salz und Pfeffer würzen, Gemüsemasse etwas abkühlen lassen.

4. Pfannkuchenteig durchrühren. Für jeden Pfannkuchen etwa ½ Teelöffel Olivenöl in einer beschichteten Pfanne (Ø etwa 16 cm) erhitzen. 3–4 Esslöffel des Teiges mit einer drehenden Bewegung auf dem Boden der Pfanne verteilen und goldbraun darin backen. Den Pfannkuchen wenden, wieder etwas Olivenöl hinzugeben und goldbraun fertig backen. Den Pfannkuchen herausnehmen und auf einen Kuchenrost legen. Auf diese Weise insgesamt 16 Pfannkuchen backen.

5. Den Backofen vorheizen.
Ober-/Unterhitze: etwa 200 °C
Heißluft: etwa 180 °C

6. Für den Belag Mozzarella abtropfen lassen und in dünne Scheiben schneiden. Tomaten abspülen, trocken tupfen und die Stängelansätze herausschneiden. Die Tomaten in Scheiben schneiden. Parmesan-Käse reiben.

7. Vier Pfannkuchen nebeneinander auf ein Backblech (mit Backpapier belegt) legen. Insgesamt ein Viertel der Gemüsemasse darauf verteilen und mit einem Viertel des Parmesan-Käses bestreuen. Nacheinander 2 weitere Lagen Pfannkuchen darauflegen, wie zuvor beschrieben mit der Gemüsemasse belegen und mit Parmesan-Käse bestreuen. Die letzten 4 Pfannkuchen darauflegen. Tomaten- und Mozzarellascheiben darauf verteilen.

8. Das Backblech in den vorgeheizten Backofen schieben. Die Pfannkuchentürme **etwa 20 Minuten backen**, bis der Mozzarella geschmolzen und goldbraun ist. Mit Pfeffer bestreuen. Beiseitegestelltes Fenchelgrün trocken tupfen. Die Pfannkuchentürme damit garnieren und sofort servieren.

Gratinierter Spargel
Etwas Besonderes
2 Portionen

Pro Portion: E: 15 g, F: 26 g, Kh: 17 g, kJ: 1549, kcal: 367, BE: 1,0

1 kg	frischer, weißer Spargel
	Salz
1	mittelgroße Tomate
50 g	geriebener Gratin-Käse
25 g	Semmelbrösel
2 EL	Pesto (aus dem Glas)
2 EL	Olivenöl

Zubereitungszeit: 10 Minuten
Gratinierzeit: 10–15 Minuten

1. Den Spargel von oben nach unten schälen. Darauf achten, dass die Schalen vollständig entfernt, die Köpfe aber nicht verletzt werden. Die unteren Enden abschneiden (holzige Stellen vollständig entfernen). Spargelstangen abspülen und abtropfen lassen.

2. Salzwasser in einem hohen Topf zum Kochen bringen. Spargelstangen darin 10–13 Minuten bissfest kochen. Spargelstangen herausnehmen, abtropfen lassen und in eine längliche Auflaufform legen.

3. Den Backofen vorheizen.
Ober-/Unterhitze: etwa 220 °C
Heißluft: etwa 200 °C

4. Tomate abspülen, abtrocknen, halbieren, entkernen und den Stängelansatz herausschneiden. Die Tomatenhälften in Würfel schneiden.

5. Gratin-Käse und Semmelbrösel vermischen. Die Spargelstangen mit Pesto bestreichen (nicht zu viel Pesto daraufgeben, sonst schmeckt alles nur nach Pesto). Tomatenwürfel darauf verteilen und mit der Käse-Semmelbrösel-Mischung bestreuen. Mit Olivenöl beträufeln. Die Form auf dem Rost in den vorgeheizten Backofen schieben. Den Spargel **10–15 Minuten gratinieren.**

Beilage: Neue Kartoffeln und knackiger Blattsalat.

Gratiniertes Brokkoli-Kartoffel-Pfännchen
Raffiniert
4 Portionen

Pro Portion: E: 19 g, F: 14 g, Kh: 51 g, kJ: 1736, kcal: 413, BE: 3,5

1 ¼ kg	Brokkoli
150 ml	Gemüsebrühe
	Saft von
1	Bio-Zitrone
	(unbehandelt, ungewachst)
	Salz
	frisch gemahlener Pfeffer
2 Msp.	frisch geriebene Muskatnuss
1 kg	kleine, gegarte Pellkartoffeln
4	Tomaten (etwa 250 g)
100 g	Schmand
	(24 % Fett, Sauerrahm)
4 Scheiben	Vollkorn-Knäckebrot
	abgeriebene Schale von
½–1	Bio-Zitrone
	(unbehandelt, ungewachst)
50 g	frisch geriebener Parmesan-Käse

Zubereitungszeit: 30 Minuten
Gratinierzeit: etwa 15 Minuten

1. Von dem Brokkoli die Blätter entfernen. Brokkoli in Röschen teilen, die Stängel am Strunk schälen und klein schneiden. Brokkoliröschen und klein geschnittene Stängel abspülen und abtropfen lassen.

2. Brühe mit Zitronensaft, Salz, Pfeffer und Muskat in einem Topf verrühren und zum Kochen bringen. Den Brokkoli hinzufügen, wieder zum Kochen bringen und etwa 5 Minuten kochen lassen.

3. Den Backofen vorheizen.
Ober-/Unterhitze: etwa 200 °C
Heißluft: etwa 180 °C

4. Die Kartoffeln pellen. Den Brokkoli abgießen, dabei die Brühe auffangen. Tomaten abspülen, abtrocknen, vierteln und die Stängelansätze herausschneiden. Die Kartoffeln, Brokkoli und Tomatenviertel in eine Auflaufform (gefettet) geben. Die aufgefangene Brühe mit Schmand verrühren und darauftäufeln.

5. Knäckebrotscheiben in einen Gefrierbeutel geben. Beutel fest verschließen. Knäckebrot mit einer Teigrolle fein zerbröseln. Knäckebrotbrösel mit Zitronenschale und Parmesan-Käse vermischen und damit bestreuen. Die Form auf dem Rost in den vorgeheizten Backofen schieben. Den Auflauf **etwa 15 Minuten gratinieren.**

Griechische Pfannkuchenröllchen
Etwas aufwendiger
4 Portionen

Pro Portion: E: 29 g, F: 38 g, Kh: 53 g,
kJ: 2823, kcal: 676, BE: 4,0

250 g	Weizenmehl
3	Eier (Größe M)
250 ml (¼ l)	Milch
½ Tasse	Mineralwasser
	Salz
2 EL	Speiseöl, z. B. Olivenöl

Für die Füllung:

600 g	Spinat oder 300 g TK-Spinat
1	Knoblauchzehe
1 TL	Butter oder Margarine
	frisch gemahlener Pfeffer
	frisch gemahlene Muskatnuss
1 Glas	geröstete Paprikahälften (Abtropfgewicht 450 g)
200 g	milder Schafkäse
150 g	Crème fraîche
2	Eigelb (Größe M)
1–2 EL	gehackte Kräuter

Zubereitungszeit: 60 Minuten, ohne Teigruhezeit
Garzeit: etwa 20 Minuten

1. Mehl in eine Rührschüssel geben und in die Mitte eine Vertiefung drücken. Eier mit Milch, Mineralwasser und 1 Teelöffel Salz verschlagen. Etwas davon in die Vertiefung geben. Von der Mitte aus die Eierflüssigkeit und das Mehl verrühren. Nach und nach die restliche Eierflüssigkeit hinzugeben. Dabei darauf achten, dass keine Klümpchen entstehen. Den Teig etwa 10 Minuten ruhen lassen.

2. Etwas Speiseöl in einer Pfanne erhitzen. Eine dünne Teiglage mit einer drehenden Bewegung gleichmäßig auf dem Boden der Pfanne verteilen. Sobald die Ränder goldgelb sind, den Pfannkuchen vorsichtig mit einem Pfannenwender wenden. Die zweite Seite ebenfalls goldbraun backen. Bevor der Pfannkuchen gewendet wird, wieder etwas Speiseöl in die Pfanne geben. Aus dem Teig 6–8 sehr dünne Pfannkuchen backen und warm stellen.

3. Den Backofen vorheizen.
Ober-/Unterhitze: etwa 180 °C
Umluft: etwa 160 °C

4. Für die Füllung Spinat verlesen, gründlich waschen und gut abtropfen lassen. Knoblauch abziehen und klein würfeln. Die Butter oder Margarine in einem Topf zerlassen. Die Knoblauchwürfel und Spinat darin unter Rühren andünsten, bis der Spinat zusammenfällt. Mit Salz, Pfeffer und Muskat würzen. Spinat in einem Sieb abtropfen lassen, dabei die Flüssigkeit auffangen.

5. Paprikahälften abtropfen lassen. Schafkäse zerbröseln und kräftig mit Pfeffer würzen.

6. Die Pfannkuchen ausbreiten. Die Hälfte der Pfannkuchen mit Spinat und der Hälfte des Schafkäses, die restlichen Pfannkuchen mit Paprikahälften und restlichem Schafkäse belegen. Die Pfannkuchen aufrollen und nebeneinander in eine große Auflaufform (gefettet) setzen.

7. Die aufgefangene Spinatflüssigkeit mit Crème fraîche und Eigelb verschlagen. Mit Salz und Pfeffer würzen, auf die Pfannkuchen träufeln. Die Form auf dem Rost in den vorgeheizten Backofen schieben. Pfannkuchenröllchen **etwa 20 Minuten garen** und mit gehackten Kräutern bestreut servieren.

Grob gestampftes Kartoffelpüree mit Tapenade und getrockneten Tomaten

Für Gäste
4 Portionen

Pro Portion: E: 7 g, F: 30 g, Kh: 37 g, kJ: 1877, kcal: 450, BE: 3,0

1 kg	festkochende Kartoffeln
	Salz
1 TL	frische Thymianblättchen
75 g	getrocknete Tomaten, in Öl
3 EL	Tomatenöl (von den Tomaten)
150 g	Crème fraîche
100 g	Schlagsahne oder 100 ml Milch
	frisch gemahlener Pfeffer
8–10	schöne Salbeiblättchen
2 EL	Olivenöl

Zubereitungszeit: 40 Minuten

1. Kartoffeln waschen, schälen, abspülen und abtropfen lassen. Kartoffeln knapp mit Salzwasser bedeckt zum Kochen bringen und zugedeckt in 20–25 Minuten gar kochen.

2. In der Zwischenzeit für die Tapenade die Thymianblättchen abspülen und trocken tupfen. Die Tomaten grob zerkleinern, mit 3 Esslöffeln des Tomatenöls und den Thymianblättchen im Blitzhacker fein pürieren.

3. Die garen Kartoffeln in einem Sieb abtropfen lassen und sofort wieder in den heißen Topf geben. Kartoffeln mit einem Kartoffelstampfer grob zerdrücken. Crème fraîche und Sahne oder Milch mit einem Holzlöffel unterrühren. Mit Salz und Pfeffer würzen. Kartoffelpüree zugedeckt in dem Topf warm halten.

4. Von dem Crème-fraîche-Becher den Boden mit der Küchenschere abschneiden. Den Becher abspülen, abtrocknen und auf einen kleinen Teller stellen. Zuerst Kartoffelpüree zur Hälfte einfüllen. Dann etwas Tapenade (Tomatenpaste) daraufgeben. Eine weitere Schicht Kartoffelpüree einfüllen und leicht andrücken. Den Becher abheben. Die weiteren Pürees auf die gleiche Weise anrichten.

5. Die Salbeiblättchen abspülen und trocken tupfen. Olivenöl in einer Pfanne erhitzen. Die Salbeiblättchen darin von beiden Seiten knusprig anrösten, herausnehmen und mit dem Salbeiöl auf den Kartoffelpürees verteilen.

Grünkernauflauf mit Wirsingstreifen

Gut vorzubereiten
4 Portionen

Pro Portion: E: 33 g, F: 35 g, Kh: 36 g, kJ: 2463, kcal: 589, BE: 3,0

150 g	Grünkern
400 ml	Gemüsebrühe
2	Zwiebeln
1 Kopf	Wirsing (etwa 600 g)
200 g	Möhren
100 g	rosé Champignons
2 EL	Butter oder Margarine
	Salz, frisch gemahlener Pfeffer
	frisch geriebene Muskatnuss
150 ml	Instant-Steinpilz-Hefebrühe (erhältlich im Reformhaus)
100 g	Schlagsahne

Für den Guss:

3	Eier (Größe M)
300 g	körniger Frischkäse (Hüttenkäse)
1	Knoblauchzehe
125 g	frisch geriebener, würziger Bergkäse

Zubereitungszeit: 35 Minuten, ohne Quellzeit
Garzeit: etwa 30 Minuten

1. Zum Vorbereiten Grünkern abspülen und abtropfen lassen. Grünkern in einen Topf geben. Gemüsebrühe hinzugießen und zugedeckt aufkochen lassen. Grünkern zugedeckt etwa 10 Minuten bei schwacher Hitze kochen lassen (bitte Packungsanleitung beachten). Dann den Grünkern zugedeckt auf der ausgeschalteten Kochstelle etwa 45 Minuten ausquellen lassen.

2. Zwiebeln abziehen und in kleine Würfel schneiden. Von dem Wirsing die groben, äußeren Blätter ablösen. Den Wirsing halbieren und den Strunk herausschneiden. Wirsinghälften in feine Streifen schneiden, abspülen und trocken tupfen. Möhren putzen, schälen, abspülen, abtropfen lassen und in feine Scheiben schneiden.

3. Champignons putzen, mit Küchenpapier abreiben, evtl. kurz abspülen, trocken tupfen und in Scheiben schneiden.

4. Den Backofen vorheizen.
Ober-/Unterhitze: etwa 200 °C
Heißluft: etwa 180 °C

5. Die Butter oder Margarine in einer großen Pfanne zerlassen. Zwiebelwürfel darin andünsten. Wirsingstreifen, Möhren- und Champignonscheiben hinzugeben, etwa 3 Minuten unter mehrmaligem Wenden anbraten. Mit Salz, Pfeffer und Muskat würzen. Hefebrühe und Sahne hinzugießen. Zutaten zugedeckt etwa 10 Minuten unter gelegentlichem Wenden dünsten.

6. Für den Guss Eier mit Frischkäse verschlagen. Mit Salz und Pfeffer würzen. Knoblauch abziehen, durch eine Knoblauchpresse drücken und unterrühren. Vorbereitetes Gemüse mit dem Grünkern in einer großen Auflaufform (gefettet) mischen. Den Guss darauf verteilen und mit Käse bestreuen. Die Form auf dem Rost in den vorgeheizten Backofen schieben. Den Auflauf **etwa 30 Minuten garen.**

Grün-weißer Kohlauflauf
Raffiniert
2 Portionen

Pro Portion: E: 38 g, F: 51 g, Kh: 22 g, kJ: 2934, kcal: 700, BE: 1,5

1	kleiner Blumenkohl (etwa 500 g)
500 g	Brokkoli
1 gestr. TL	Salz
1	kleine Zucchini (etwa 200 g)

Für die Sauce:

25 g	Butter
100 g	gewürfelter Schinken (Fertigprodukt)
20 g	Weizenmehl
250 ml (¼ l)	Gemüsebrühe
125 g	Schlagsahne
50 g	geriebener Parmesan-Käse
	Salz
	frisch gemahlener Pfeffer
	frisch geriebene Muskatnuss
30 g	geriebener Gouda-Käse
1 EL	Sonnenblumenkerne

Zubereitungszeit: 40 Minuten
Garzeit: etwa 35 Minuten

1. Den Backofen vorheizen.
Ober-/Unterhitze: etwa 180 °C
Heißluft: etwa 160 °C

2. Von dem Blumenkohl und Brokkoli die Blätter entfernen und den Strunk abschneiden. Blumenkohl und Brokkoli in Röschen teilen, abspülen und abtropfen lassen.

3. Wasser mit Salz in einem großen Topf zum Kochen bringen. Die Blumenkohlröschen hineingeben, zugedeckt etwa 8 Minuten kochen lassen, herausnehmen und in einem Sieb abtropfen lassen. Die Brokkoliröschen in dem Salzwasser zugedeckt etwa 5 Minuten kochen lassen, herausnehmen und ebenfalls in einem Sieb abtropfen lassen.

4. Zucchini abspülen, abtrocknen und die Enden abschneiden. Zucchini in Scheiben schneiden. Zucchinischeiben mit den Blumenkohl- und Brokkoliröschen in eine Auflaufform (gefettet) geben.

5. Für die Sauce die Butter in einem Topf zerlassen. Schinkenwürfel darin andünsten. Mehl hinzufügen und unter Rühren so lange erhitzen, bis es hellgelb ist. Nach und nach Brühe und Sahne hinzugießen, mit einem Schneebesen durchschlagen. Dabei darauf achten, dass keine Klümpchen entstehen. Die Sauce zum Kochen bringen und etwa 5 Minuten bei schwacher Hitze ohne Deckel kochen lassen, dabei gelegentlich umrühren. 1 Esslöffel Parmesan-Käse (etwa 20 g) unterrühren. Die Sauce mit Salz, Pfeffer und Muskat würzen.

6. Das Gemüse mit der Sauce übergießen, mit restlichem Parmesan-, dem Gouda-Käse und den Sonnenblumenkernen bestreuen. Die Form auf dem Rost in den vorgeheizten Backofen schieben. Den Auflauf **etwa 35 Minuten garen.**

Tipp: Der Auflauf lässt sich einfach für 4 Personen verdoppeln.

Hafer-Quark-Keulchen mit Kompott

Raffiniert
4 Portionen

Pro Portion: E: 14 g, F: 12 g, Kh: 55 g, kJ: 1648, kcal: 393, BE: 4,5

2	Eigelb (Größe M)
50 g	Zucker
200 g	Magerquark
50 g	kernige Haferflocken
2 geh. EL	Weizenmehl (Type 550)
1	Bio-Zitrone (unbehandelt, ungewachst)
	Salz
2	Eiweiß (Größe M)

Für das Erdbeer-Rhabarber-Kompott:

250 g	Erdbeeren
500 g	Rhabarber
250 ml (¼ l)	Wasser
3–4 EL	Zucker
1 Pck.	Dr. Oetker Pudding-Pulver Vanille-Geschmack
3 EL	Speiseöl, z. B. Sonnenblumenöl
1 EL	Puderzucker

Zubereitungszeit: 20 Minuten, ohne Ruhezeit

1. Eigelb, Zucker, Quark, Haferflocken und Mehl in eine Rührschüssel geben und mit Handrührgerät mit Rührbesen zu einer cremigen Masse verrühren. Die Zitrone heiß abwaschen, abtrocknen, die Schale abreiben und 1 Teelöffel abmessen. Die Zitrone halbieren. Von einer Zitronenhälfte den Saft auspressen.

2. Zitronenschale, -saft und 1 Prise Salz unter die Quarkmasse rühren. Eiweiß steif schlagen und unterheben. Den Quarkteig etwa 10 Minuten ruhen lassen.

3. Für das Kompott Erdbeeren putzen, abspülen, abtropfen lassen, entstielen und halbieren. Rhabarber abziehen, abspülen, abtropfen lassen, Stielenden und Blattansätze entfernen. Die Stangen in fingerdicke Stücke schneiden.

4. Erdbeerhälften und Rhabarberstücke in einem Topf vermischen. Wasser hinzugießen, zum Kochen bringen und etwa 4 Minuten bei schwacher Hitze kochen lassen. Zucker unterrühren und abschmecken. Pudding-Pulver mit 4 Esslöffeln Wasser anrühren, unter das Kompott rühren und unter Rühren kurz aufkochen lassen. Kompott in eine Schüssel füllen und erkalten lassen.

5. Jeweils etwas Speiseöl in einer großen Pfanne erhitzen. Von dem Quarkteig mit einem Esslöffel Teighäufchen abnehmen und in die Pfanne setzen. Die Keulchen portionsweise bei mittlerer Hitze leicht bräunen lassen, dann vorsichtig wenden und jede Portion in etwa 3 Minuten fertig backen.

6. Die Keulchen auf einer vorgewärmten Platte anrichten und mit Puderzucker bestäuben. Das Erdbeer-Rhabarber-Kompott dazureichen.

Tipp: Zu den Quark-Keulchen passt auch prima ein Obstsalat: Verrühren Sie Zitronensaft mit Honig und schneiden Sie Obst, z. B. Apfel, Birne, Banane, Melone, Orange – was Sie gerade im Hause haben –, in die Marinade.

Herzhafte Reisberge
Für die Party
etwa 50 Stück

Pro Stück: E: 1 g, F: 1 g, Kh: 4 g, kJ: 117, kcal: 28, BE: 0,5

600 ml	Gemüsebrühe
250 g	Langkornreis

Für die gelben Reisberge:

1	gelbe Paprikaschote (etwa 160 g)
1 gestr. TL	Kurkuma (Gelbwurz)
½ gestr. TL	Cumin (Kreuzkümmel)
1 TL	flüssiger Honig
	Salz
	frisch gemahlener Pfeffer
2	Eier (Größe M)

Für die grünen Reisberge:

1	grüne Paprikaschote (etwa 160 g)
2 EL	gehackte TK-Kräuter der Provence
2	Eier (Größe M)

Nach Belieben zum Garnieren:

etwa 20	Oliven
etwa 20	Ananasstückchen
etwa 40	Holzstäbchen
einige	Gurkenscheiben

Zubereitungszeit: 60 Minuten, ohne Abkühlzeit
Garzeit: etwa 15 Minuten

1. Gemüsebrühe in einem Topf zum Kochen bringen. Reis einstreuen und zugedeckt etwa 20 Minuten bei schwacher Hitze garen. Reis in einem Sieb abtropfen (aber nicht abschrecken) und etwas abkühlen lassen.

2. Für die gelben Reisberge Paprikaschote halbieren, entstielen, entkernen und die weißen Scheidewände entfernen. Schotenhälften abspülen, abtropfen lassen und in kleine Würfel schneiden.

3. Reis in zwei Schüsseln verteilen. Die gelben Paprikawürfel in eine Schüssel geben. Kurkuma, Cumin, Honig, Salz, Pfeffer und Eier hinzufügen, mit dem Reis vermischen.

4. Den Backofen vorheizen.
Ober-/Unterhitze: etwa 220 °C
Heißluft: etwa 200 °C

5. Für die grünen Reisberge Paprikaschote wie unter Punkt 2 beschrieben putzen, abspülen, abtropfen lassen und ebenfalls in kleine Würfel schneiden. Die Paprikawürfel in die zweite Schüssel geben. Kräuter der Provence, Salz, Pfeffer und Eier hinzugeben, mit dem Reis vermischen.

6. Mit zwei Esslöffeln kleine runde Reisberge dicht auf ein Backblech (gefettet) setzen. Das Backblech in den vorgeheizten Backofen schieben. Die Reisberge **etwa 15 Minuten garen.**

7. Die Reisberge vom Backblech lösen und auf einem mit Backpapier belegten Kuchenrost erkalten lassen. Nach Belieben Oliven und Ananasstückchen auf Holzstäbchen spießen, in die Reisberge stecken und auf Gurkenscheiben anrichten.

Hirse-Möhren-Puffer mit Champignon-Gemüse

Für Gäste
4 Portionen

Pro Portion: E: 15 g, F: 33 g, Kh: 40 g, kJ: 2188, kcal: 523, BE: 3,0

Für die Puffer:

150 g	Hirse
2	Schalotten (etwa 70 g)
300 ml	Gemüsebrühe
½ TL	gerebelter Thymian

Für das Gemüse:

750 g	Porree (Lauch)
500 g	Champignons
1	Kartoffel (etwa 70 g)
3	Möhren (etwa 200 g)
2	Eier (Größe M)
1 EL	Mascarpone (ital. Frischkäse)
2–3 EL	Weizenmehl
	Salz
	frisch gemahlener Pfeffer
6 EL	Olivenöl
1 Zweig	Rosmarin oder 1 TL getrocknete Rosmarinnadeln
2 EL	Olivenöl
50 g	Mascarpone (ital. Frischkäse)
	frisch geriebene Muskatnuss

Zubereitungszeit: 50 Minuten, ohne Abkühlzeit
Garzeit: Gemüse etwa 11 Minuten

1. Für die Puffer die Hirse in ein Sieb geben, mit fließendem kalten Wasser abspülen und abtropfen lassen. Schalotten abziehen und in kleine Würfel schneiden. Brühe in einem Topf zum Kochen bringen. Hirse und Thymian unter Rühren einstreuen, aufkochen lassen. Hirse zugedeckt etwa 20 Minuten bei schwacher Hitze garen, bis die Brühe aufgesogen ist.

2. In der Zwischenzeit für das Gemüse Porree putzen, die Stangen längs halbieren, gründlich waschen, abtropfen lassen und in etwa 1 cm breite Stücke schneiden. Die Champignons putzen, mit Küchenpapier abreiben, evtl. kurz abspülen, gut trocken tupfen und in Scheiben schneiden. Porree und Champignons beiseitestellen.

3. Für die Puffer Kartoffel waschen, schälen, abspülen und abtropfen lassen.

4. Möhren putzen, schälen, abspülen, ebenfalls abtropfen lassen.

5. Die Möhren und die Kartoffel auf der groben Seite der Haushaltsreibe raspeln und unter die heiße Hirsemasse mischen.

6. Eier, Mascarpone und Mehl unterrühren. Mit Salz und Pfeffer würzen. Die Masse abkühlen lassen.

7. Jeweils 2 Esslöffel des Olivenöls in einer großen Pfanne erhitzen. Hirse-Möhren-Masse esslöffelweise in die Pfanne geben, flach drücken und jeweils etwa 3 Minuten von jeder Seite bei mittlerer Hitze goldbraun braten, herausnehmen und die Hirse-Möhren-Puffer warm halten.

8. Aus der Hirse-Möhren-Masse 12–14 Puffer backen, dabei immer wieder etwas Olivenöl in die Pfanne geben.

9. Für das Gemüse Rosmarin abspülen und trocken tupfen. Die Nadeln von den Stängeln zupfen. Olivenöl in einem breiten Topf erhitzen.

10. Porreestücke und Rosmarinnadeln darin andünsten, mit Salz würzen und zugedeckt etwa 5 Minuten bei schwacher Hitze dünsten.

11. Champignons hinzugeben, mit etwas Salz würzen. Das Gemüse zugedeckt weitere etwa 6 Minuten bei mittlerer Hitze dünsten.

12. Mascarpone unter das Gemüse rühren und kurz aufkochen. Mit Salz, Pfeffer und Muskat würzen.

13. Die Hirse-Möhren-Puffer mit dem Gemüse anrichten.

Hirseteller

Raffiniert
2 Portionen

Pro Portion: E: 17 g, F: 28 g, Kh: 41 g, kJ: 2023, kcal: 483, BE: 3,0

2	Schalotten
3 EL	Speiseöl
100 g	Hirse
200 ml	Wasser oder Gemüsebrühe
	Salz
2	Knoblauchzehen
je ½	rote und grüne Paprikaschote
100 g	Zucchini
2–4 Stängel	glatte Petersilie
2 Stängel	Liebstöckel
	frisch gemahlener Pfeffer
4 EL	frisch geriebener oder gehobelter Parmesan-Käse

Zubereitungszeit: 20 Minuten
Garzeit: Hirse etwa 20 Minuten, Gemüse etwa 5 Minuten

1. Schalotten abziehen und in kleine Würfel schneiden. ½ Esslöffel des Speiseöls in einem Topf erhitzen. Schalottenwürfel und Hirse darin kurz unter Rühren andünsten. Wasser mit evtl. 1 Prise Salz oder Brühe hinzugießen. Die Zutaten zum Kochen bringen und zugedeckt etwa 20 Minuten bei schwacher Hitze quellen lassen.

2. In der Zwischenzeit Knoblauch abziehen und klein würfeln. Paprikahälften entstielen, entkernen und die weißen Scheidewände entfernen. Paprikahälften abspülen, abtropfen lassen und in kleine Würfel schneiden. Zucchini abspülen, abtrocknen und die Enden abschneiden. Zucchini in kleine Würfel schneiden.

3. Das restliche Speiseöl in einer Pfanne erhitzen. Knoblauch, Paprika- und Zucchiniwürfel darin unter gelegentlichem Rühren etwa 5 Minuten bei mittlerer Hitze andünsten.

4. Petersilie und Liebstöckel abspülen, trocken tupfen. Die Blättchen von den Stängeln zupfen. Die Blättchen klein schneiden. Die Kräuter mit dem gedünsteten Gemüse (Knoblauch, Paprika und Zucchini) unter die gequollene Hirse rühren. Nach Belieben mit Salz und Pfeffer abschmecken. Mit Parmesan-Käse bestreut servieren.

Tipps: Statt Hirse können Sie auch die gleiche Menge Reis oder Bulgur verwenden (jeweils die Packungsanleitung beachten). Übrig gebliebene Paprika roh essen oder Paprika würfeln und mit etwas Quark, Salz und Pfeffer als herzhaften Brotaufstrich servieren.

Hirsetopf mit Spargel und Brokkoli

Etwas aufwendiger
4 Portionen

Pro Portion: E: 24 g, F: 26 g, Kh: 71 g, kJ: 2595, kcal: 621, BE: 5,5

800 g	grüner Spargel
500 g	Brokkoli
3	Zwiebeln (etwa 150 g)
800 ml	Gemüsebrühe
350 g	Hirse
40 g	Butterschmalz
1 Pck.	gemahlener Safran (0,1 g)
250 ml (¼ l)	Milch
40 g	gehobelte Mandeln
etwa 50 g	Parmesan-Käse
	grobes Meersalz
	frisch gemahlener Pfeffer
	frisch geriebene Muskatnuss

Zubereitungszeit: 50 Minuten
Garzeit: etwa 20 Minuten

1. Von dem Spargel das untere Drittel schälen. Stangen abspülen, abtropfen lassen und in etwa 5 cm lange Stücke schneiden.

2. Von dem Brokkoli die Blätter entfernen. Brokkoli abspülen, abtropfen lassen und in kleine Röschen teilen. Brokkolistiele schälen und in Würfel schneiden. Zwiebeln abziehen und in Streifen schneiden.

3. Brühe in einem Topf zum Kochen bringen. Spargelstücke, Brokkoliröschen und -würfel hinzugeben, wieder zum Kochen bringen und etwa 3 Minuten bei mittlerer Hitze vorgaren.

4. In der Zwischenzeit Hirse in ein Sieb geben, unter fließendem kalten Wasser abspülen und abtropfen lassen. Vorgegarte Spargelstücke, Brokkoliröschen und -würfel in einem Sieb abtropfen lassen, dabei die Brühe auffangen.

5. Die Hälfte von dem Butterschmalz in einem Topf erhitzen. Zwiebelstreifen und Hirse darin unter Rühren andünsten. Aufgefangene Brühe und Safran hinzugeben, unter Rühren zum Kochen bringen. Hirse zugedeckt etwa 15 Minuten bei schwacher Hitze garen. Milch nach und nach unterrühren.

6. Mandeln in einer Pfanne ohne Fett goldbraun rösten, herausnehmen und auf einem Teller abkühlen lassen. Parmesan-Käse reiben.

7. Restliches Butterschmalz in einer Pfanne erhitzen. Spargelstücke, Brokkoliröschen und -würfel darin unter Rühren anbraten. Mit Meersalz würzen.

8. Zwei Drittel des geriebenen Parmesan-Käses unter den Hirsetopf rühren. Mit Salz, Pfeffer und Muskat würzen. Mit restlichem Käse bestreuen. Das Gemüse auf dem Hirsetopf verteilen und mit gerösteten Mandeln bestreuen.

Tipp: Große Käsespäne erhält man, wenn man den Käse auf einem Käse-, Gemüse- oder Trüffelhobel in dünne Scheiben hobelt.

Indisches Kürbiscurry
Einfach
5 Portionen

Pro Portion: E: 4 g, F: 6 g, Kh: 12 g, kJ: 490, kcal: 117, BE: 1,0

1 kg	Hokkaido-Kürbis
2	kleine Zwiebeln
10 g	Ingwerwurzel
2–3 EL	Speiseöl
je ½ TL	Kurkuma, Kreuzkümmel, Anissamen, Fenchelsamen, Kardamom (alles gemahlen) Salz
1 TL	brauner Zucker (Rohrzucker)
1 Dose	geschälte Tomaten (Abtropfgewicht 480 g)
250 ml (¼ l)	Gemüsebrühe

Zubereitungszeit: 40 Minuten
Garzeit: etwa 37 Minuten

1. Den Kürbis abspülen, abtropfen lassen, halbieren und die Kerne mit einem Löffel herauskratzen. Die Kürbishälften in mundgerechte Stücke schneiden. Zwiebeln abziehen und in kleine Würfel schneiden. Ingwer schälen und ebenfalls klein würfeln.

2. Speiseöl in einem Topf erhitzen. Gewürze hinzugeben und unter Rühren einmal aufschäumen lassen. Zwiebel- und Ingwerwürfel hinzugeben, etwa 3 Minuten unter Rühren glasig dünsten. Kürbiswürfel hinzufügen und unter Rühren etwa 4 Minuten mitdünsten lassen. Mit Salz und Zucker würzen.

3. Geschälte Tomaten mit der Flüssigkeit und Gemüsebrühe hinzugeben. Mit Salz abschmecken. Kürbiscurry zum Kochen bringen und etwa 30 Minuten bei schwacher Hitze leicht kochen lassen.

Japanischer Tofu-Eintopf
Gut vorzubereiten
2 Portionen

Pro Portion: E: 21 g, F: 15 g, Kh: 23 g, kJ: 1248, kcal: 298, BE: 1,0

etwa 500 ml	(½ l)	Wasser
	2 EL	Weißweinessig
	150 g	Schwarzwurzeln
	100 g	Möhren
	100 g	vorwiegend festkochende Kartoffeln
	100 g	weißer Rettich oder Knollensellerie oder Petersilienwurzel
	400 ml	Gemüsebrühe
	½ Bund	Frühlingszwiebeln
	150 g	Shiitake-Pilze
	200 g	Tofu
	1 EL	Sesamöl
	1 EL	Sojasauce
		Cayennepfeffer

Zubereitungszeit: 25 Minuten

1. Das Wasser mit Essig in einer Schüssel verrühren. Die Schwarzwurzeln unter fließendem kalten Wasser gründlich abbürsten, dünn schälen, abspülen und abtropfen lassen. Schwarzwurzeln zuerst in etwa 3 cm lange Stücke, danach in dünne Stifte schneiden. Die Schwarzwurzelstifte sofort in das Essigwasser legen, damit sie weiß bleiben.

2. Möhren putzen, schälen, abspülen und abtropfen lassen. Kartoffeln waschen, schälen, abspülen und abtropfen lassen. Rettich (Sellerie bzw. Petersilienwurzel) putzen, schälen, abspülen und abtropfen lassen. Die vorbereiteten Zutaten längs vierteln und in sehr dünne Scheiben schneiden. Schwarzwurzeln in einem Sieb abtropfen lassen.

3. Gemüsebrühe in einem Topf zum Kochen bringen. Das vorbereitete Gemüse hinzugeben, wieder zum Kochen bringen und zugedeckt 5–10 Minuten bei schwacher Hitze kochen lassen.

4. In der Zwischenzeit die Frühlingszwiebeln putzen, abspülen, abtropfen lassen und in etwa 1 cm lange Stücke schneiden. Shiitake-Pilze mit Küchenpapier abreiben, evtl. kurz abspülen und trocken tupfen. Die Stiele herausdrehen oder abschneiden. Die Pilzköpfe in feine Streifen schneiden. Tofu in Würfel schneiden.

5. Frühlingszwiebelstücke, Pilzstreifen und Tofuwürfel in den Eintopf geben und kurz aufkochen lassen. Den Eintopf mit Sesamöl, Sojasauce und Cayennepfeffer abschmecken und sofort servieren.

Tipps: Shiitake-Pilze wachsen zwar ganzjährig, sind aber nicht immer im Handel erhältlich. Stattdessen können Sie Champignons verwenden. Schwarzwurzeln gibt es frisch nur in den Monaten Oktober bis März zu kaufen. Alternativ Schwarzwurzeln aus dem Glas verwenden. Diese in einem Sieb abtropfen lassen, je nach Größe quer durchschneiden und mit den Gemüsezutaten in die Brühe geben.

Kartoffel-Ei-Curry mit Erbsen
Preiswert
4 Portionen

Pro Portion: E: 18 g, F: 16 g, Kh: 36 g, kJ: 1507, kcal: 359, BE: 3,0

600 g	kleine Kartoffeln
4–6	Eier (Größe M)
1	Zwiebel
25 g	Butter oder Margarine
25 g	Weizenmehl
	mildes Currypulver nach Geschmack
300 ml	Gemüsebrühe
250 ml (¼ l)	Milch
300 g	Möhren-Erbsen-Mischung (TK oder aus der Dose)
	Salz, frisch gemahlener Pfeffer

Zubereitungszeit: 25 Minuten
Garzeit: etwa 30 Minuten

1. Kartoffeln gründlich waschen, in einem Topf knapp mit Wasser bedeckt zum Kochen bringen und zugedeckt 15–18 Minuten garen. Kartoffeln abgießen, abdämpfen, heiß pellen und leicht abkühlen lassen. Kartoffeln halbieren.

2. Eier in kochendem Wasser etwa 8 Minuten hart kochen. Eier abschrecken und pellen.

3. Zwiebel abziehen und in kleine Würfel schneiden. Butter oder Margarine in einem Topf zerlassen. Zwiebelwürfel darin glasig dünsten. Mehl hinzufügen und unter Rühren so lange erhitzen, bis es hellgelb ist, Curry unterrühren. Brühe und Milch hinzugießen, mit einem Schneebesen durchschlagen. Dabei darauf achten, dass keine Klümpchen entstehen.

4. TK-Möhren-Erbsen-Mischung hinzugeben, zum Kochen bringen und 5–8 Minuten bei schwacher Hitze kochen lassen, dabei gelegentlich umrühren (abgetropfte Möhren-Erbsen-Mischung aus der Dose nur mit den Kartoffelhälften in der Sauce erhitzen).

5. Die Sauce mit Salz, Pfeffer und evtl. noch etwas Curry abschmecken. Kartoffelhälften unter die Sauce rühren und etwa 4 Minuten miterhitzen.

6. Eier waagerecht halbieren. Kartoffel-Curry mit den Eierhälften anrichten.

Kartoffel-Gemüse-Salat mit Senfmarinade

Raffiniert
10 Portionen

Pro Portion: E: 4 g, F: 3 g, Kh: 26 g, kJ: 655, kcal: 156, BE: 2,0

1 ½ kg	Kartoffeln
250 g	Staudensellerie
300 g	Möhren
200 g	Radieschen
3	Frühlingszwiebeln
250 g	Cocktailtomaten

Für die Senfmarinade:

2 EL	grobkörniger Senf
6 EL	weißer Balsamico-Essig
	Saft von
1	Zitrone
3 EL	Olivenöl
	Salz
1 Prise	Zucker
	frisch gemahlener Pfeffer

Zubereitungszeit: 40 Minuten, ohne Abkühlzeit

1. Die Kartoffeln gründlich waschen, knapp mit Wasser bedeckt zum Kochen bringen und zugedeckt in etwa 25 Minuten gar kochen. Die Kartoffeln abgießen, mit kaltem Wasser abspülen, abtropfen und etwas abkühlen lassen. Die heißen Kartoffeln pellen, abkühlen lassen und in Scheiben schneiden.

2. In der Zwischenzeit Staudensellerie putzen und die harten Außenfäden abziehen. Selleriestangen abspülen, abtropfen lassen und in dünne Scheiben schneiden. Die Möhren putzen, schälen, abspülen, abtropfen lassen und auf einem Gemüsehobel in feine Scheiben hobeln.

3. Radieschen putzen, abspülen, abtropfen lassen und ebenfalls in feine Scheiben schneiden. Frühlingszwiebeln putzen, abspülen, abtropfen lassen und in dünne Ringe schneiden. Die Cocktailtomaten abspülen, trocken tupfen, halbieren und evtl. die Stängelansätze entfernen.

4. Die vorbereiteten Gemüsezutaten in eine große Salatschüssel geben und mit den Kartoffelscheiben vermischen.

5. Für die Marinade Senf mit Essig und Zitronensaft verrühren. Olivenöl unterschlagen. Mit Salz und Zucker würzen.

6. Die Marinade kurz vor dem Servieren unter die Salatzutaten mischen. Den Salat nochmals mit Salz und Pfeffer abschmecken.

Tipp: Die Salatzutaten und die Senfmarinade können bereits getrennt am Vortag zubereitet und mit Frischhaltefolie zugedeckt im Kühlschrank aufbewahrt werden. Dann den Salat 2–3 Stunden vor dem Servieren aus dem Kühlschrank nehmen und bei Zimmertemperatur stehen lassen. Den Salat kurz vor dem Servieren marinieren und gut abgeschmeckt servieren.

Kartoffel-Gurken-Salat
Raffiniert
10 Portionen

Pro Portion: E: 5 g, F: 6 g, Kh: 32 g, kJ: 874, kcal: 208, BE: 2,5

2 kg	festkochende Kartoffeln
	Salz
1 EL	Kümmelsamen
2 Gläser	Gewürzgurken (Abtropfgewicht je 360 g)

Für die Marinade:

1	Knoblauchzehe
1 Bund	Dill
80 ml	Weißweinessig
1 EL	mittelscharfer Senf
1 EL	flüssiger Honig
50 ml	Zitronensaft
200 ml	Gurkenflüssigkeit (aus den Gläsern)
50 ml	Olivenöl
	frisch gemahlener Pfeffer
1 Prise	Zucker
2	Salatgurken

Zubereitungszeit: 45 Minuten, ohne Abkühlzeit

1. Kartoffeln gründlich waschen, knapp mit Wasser bedeckt zum Kochen bringen. Salz und Kümmel hinzugeben. Die Kartoffeln zugedeckt in 20–25 Minuten gar kochen. Die Kartoffeln abgießen, mit kaltem Wasser abspülen und abtropfen lassen. Kartoffeln heiß pellen, abkühlen lassen und in Scheiben schneiden. Kartoffelscheiben in eine große Schüssel geben.

2. Die Gurken in einem Sieb abtropfen lassen und den Sud auffangen. Die Gurken in feine Scheiben schneiden und zu den Kartoffelscheiben geben.

3. Für die Marinade Knoblauch abziehen und in kleine Würfel schneiden. Dill abspülen und trocken tupfen. Die Spitzen von den Stängeln zupfen. Spitzen grob zerkleinern. Essig mit Senf, Honig, Zitronensaft und Gurkenflüssigkeit verrühren. Olivenöl unterschlagen. Mit Salz, Pfeffer und Zucker würzen. Knoblauchwürfel und Dill unterrühren.

4. Die Marinade vorsichtig unter die Kartoffel- und Gurkenscheiben heben. Den Kartoffel-Gurken-Salat kräftig mit Salz abschmecken.

5. Kurz vor dem Servieren die Salatgurken schälen, längs halbieren und entkernen. Gurkenhälften in Scheiben schneiden und unter den Salat mischen. Den Kartoffel-Gurken-Salat nochmals mit Salz und Pfeffer abschmecken.

Kartoffel-Ingwer-Suppe
Dauert länger
4 Portionen

Pro Portion: E: 4 g, F: 26 g, Kh: 24 g, kJ: 1453, kcal: 347, BE: 2,0

Für die Suppe:
3	Zwiebeln
2	Knoblauchzehen
2 Bund	Suppengrün (Sellerie, Möhren, Porree)
etwa 100 g	Petersilienwurzeln
50 ml	Speiseöl, z. B. Rapsöl
3 l	Wasser
1 gestr. EL	Salz
2	Lorbeerblätter
1 TL	Pfefferkörner
1	Zwiebel
50 g	Ingwerwurzel
600 g	festkochende Kartoffeln
2 EL	Speiseöl
100 g	Schlagsahne
	Zucker
½ Bund	Koriander

Zubereitungszeit: 50 Minuten
Garzeit: etwa 90 Minuten

1. Für die Suppe Zwiebeln und Knoblauch abziehen, in kleine Würfel schneiden. Suppengrün putzen, schälen, abspülen und abtropfen lassen. Das Suppengrün grob würfeln. Petersilienwurzeln putzen, schälen, abspülen, abtropfen lassen und ebenfalls würfeln.

2. Speiseöl in einem großen Topf erhitzen. Zwiebel- und Knoblauchwürfel darin andünsten. Vorbereitete Gemüsewürfel hinzugeben und unter Rühren kurz mit andünsten.

3. Das Wasser hinzugießen. Salz, Lorbeerblätter und Pfefferkörner hinzufügen. Die Zutaten zum Kochen bringen. Gemüse ohne Deckel etwa 60 Minuten bei schwacher bis mittlerer Hitze kochen lassen.

4. Das Gemüse aus der Brühe nehmen und entfernen. Die Brühe durch ein Sieb in einen Topf gießen.

5. Die Zwiebel abziehen und in grobe Würfel schneiden. Ingwer schälen, abspülen, abtropfen lassen und in kleine Würfel schneiden. Kartoffeln waschen, schälen, abspülen und abtropfen lassen. 350 g Kartoffeln grob würfeln. Die restlichen Kartoffeln (250 g) in kleine Würfel schneiden, mit Wasser bedeckt beiseitestellen.

6. Speiseöl in einem großen Topf erhitzen. Zwiebelwürfel darin glasig dünsten. Die grob geschnittenen Kartoffelwürfel und Ingwerwürfel hinzugeben, unter Rühren kurz mitdünsten lassen. Die Gemüsebrühe hinzugießen, zum Kochen bringen und etwa 30 Minuten bei schwacher Hitze leicht kochen lassen. Sahne hinzugießen und einmal aufkochen lassen. Die Suppe mit einem Stabmixer fein pürieren. Sollte die Suppe zu dick sein, etwas Wasser unterrühren. Mit Salz und Zucker abschmecken.

7. Die beiseitegestellten, kleinen Kartoffelwürfel in kochendem Salzwasser etwa 3 Minuten bissfest kochen. Kartoffelwürfel in ein Sieb geben, mit kaltem Wasser abspülen, abtropfen lassen, in die Suppe geben und nochmals erhitzen.

8. Koriander abspülen und trocken tupfen. Die Blättchen von den Stängeln zupfen. Blättchen grob zerkleinern. Die Suppe mit Koriander bestreut servieren.

Kartoffel-Omelett mit Steinpilzen und karamellisierten Walnusskernen

Deftig
4 Portionen

Pro Portion: E: 17 g, F: 41 g, Kh: 41 g, kJ: 2512, kcal: 600, BE: 3,5

200 g	Steinpilze
2	Schalotten
600 g	Kartoffeln
50 ml	Traubenkernöl
	Salz, frisch gemahlener Pfeffer
1 EL	Butterschmalz
4 Stängel	glatte Petersilie
5	Eier (Größe M)

Für die karamellisierten Walnusskerne:

3 EL	Wasser
80 g	Zucker
100 g	Walnusskerne
100 g	Pflanzenfett

Zubereitungszeit: 50 Minuten, ohne Abkühlzeit
Backzeit: etwa 15 Minuten

1. Die Steinpilze putzen, mit Küchenpapier abreiben, evtl. kurz abspülen, trocken tupfen und in Scheiben schneiden. Schalotten abziehen und in kleine Würfel schneiden.

2. Kartoffeln waschen, schälen, abspülen und abtropfen lassen. Kartoffeln in sehr dünne Scheiben schneiden (am besten mit einer Aufschnittmaschine oder einem Gemüsehobel).

3. Traubenkernöl in einer großen, feuerfesten Pfanne erhitzen. Kartoffelscheiben darin etwa 10 Minuten unter mehrmaligem Wenden anbraten. Mit Salz und Pfeffer würzen.

4. Den Backofen vorheizen.
Ober-/Unterhitze: etwa 160 °C
Heißluft: etwa 140 °C

5. Butterschmalz in einer weiteren Pfanne erhitzen. Pilzscheiben darin andünsten, Schalottenwürfel hinzugeben und mit andünsten.

6. Petersilie abspülen und trocken tupfen (einige Zweige zum Garnieren beiseitelegen). Die Blättchen von den Stängeln zupfen. Blättchen klein schneiden und unter das Pilzgemüse mischen. Pilzgemüse aus der Pfanne nehmen und unter die gebratenen Kartoffelscheiben heben.

7. Eier verschlagen, mit Salz und Pfeffer würzen und auf der Kartoffel-Pilz-Masse verteilen, gut untermengen. Die Pfanne auf dem Rost in den vorgeheizten Backofen schieben. Kartoffel-Omelett **etwa 15 Minuten backen.**

8. In der Zwischenzeit für die karamellisierten Walnusskerne Wasser und Zucker in einem kleinen Topf zum Kochen bringen. So lange kochen lassen, bis der Zucker zu karamellisieren beginnt. Walnusskerne hinzufügen und unter Rühren goldbraun karamellisieren lassen. Karamellisierte Walnusskerne auf einen Bogen Backpapier geben und erkalten lassen.

9. Das Kartoffel-Omelett aus der Pfanne auf eine Platte stürzen und in Kuchenstücke schneiden. Mit den beiseitegelegten Petersilienzweigen garnieren und sofort servieren. Karamellisierte Walnusskerne nach Belieben hacken oder zerteilen und dazu servieren.

Tipp: Das Kartoffel-Omelett schmeckt auch sehr gut kalt mit einem Rucolasalat.

Kartoffel-Pastinaken-Stampf mit weiß-grünem Gemüse

Für Gäste
4 Portionen

Pro Portion: E: 14 g, F: 14 g, Kh: 44 g, kJ: 1519, kcal: 363, BE: 3,5

Für den Stampf:
- 300 g Pastinaken
- 1 kg mehligkochende Kartoffeln
- 250 ml (¼ l) Gemüsebrühe

Für das Gemüse:
- 1 kleiner Blumenkohl (etwa 800 g)
- 1 Bund Frühlingszwiebeln (etwa 200 g)
- 250 g Zuckerschoten
- 125 ml (⅛ l) Gemüsebrühe

- 50 g Kürbiskerne

- 100 ml Milch
- 30 g Butter
- Salz, frisch gemahlener Pfeffer
- frisch geriebene Muskatnuss

- evtl. etwa 4 EL Kürbiskernöl

Zubereitungszeit: 45 Minuten

1. Für den Stampf Pastinaken putzen, schälen, abspülen, abtropfen lassen und in etwa ½ cm dicke Scheiben schneiden. Kartoffeln waschen, schälen, abspülen, abtropfen lassen und vierteln.

2. Brühe, Kartoffelstücke und Pastinakenscheiben in einem Topf zum Kochen bringen und zugedeckt etwa 25 Minuten bei schwacher Hitze dünsten.

3. In der Zwischenzeit für das Gemüse von dem Blumenkohl die Blätter und schlechten Stellen entfernen. Blumenkohl in kleine Röschen teilen, abspülen und abtropfen lassen. Frühlingszwiebeln putzen, abspülen, abtropfen lassen und schräg in etwa 1 cm breite Stücke schneiden. Zuckerschoten putzen und evtl. abfädeln. Zuckerschoten abspülen, abtropfen lassen und 1–2-mal schräg durchschneiden.

4. Brühe in einem breiten Topf zum Kochen bringen. Blumenkohlröschen hinzugeben und zugedeckt etwa 5 Minuten bei mittlerer Hitze dünsten.

5. In der Zwischenzeit Kürbiskerne in einer Pfanne ohne Fett unter Rühren hellbraun rösten, bis sie aufspringen. Kürbiskerne herausnehmen und auf einem Teller abkühlen lassen.

6. Frühlingszwiebel- und Zuckerschotenstücke zum Blumenkohl in den Topf geben und etwa 3 Minuten mitgaren lassen.

7. Milch aufkochen. Die garen Kartoffelstücke und Pastinakenscheiben in der verbliebenen Brühe mit einem Kartoffelstampfer zerdrücken. Milch und Butter unter das Püree rühren. Mit Salz, Pfeffer und Muskat abschmecken.

8. Das Gemüse mit Salz und Pfeffer würzen und mit dem Kartoffel-Pastinaken-Stampf anrichten. Das Gemüse mit den Kürbiskernen bestreuen und nach Belieben mit Kürbiskernöl beträufeln.

Tipp: Wer anstelle der Kürbiskerne Nusskerne bevorzugt, kann auch gehobelte Haselnusskerne rösten und das Gemüse z.B. mit Nussöl oder leicht gebräunter Butter beträufeln.

Kartoffel-Pilz-Topf
Etwas Besonderes
4 Portionen

Pro Portion: E: 15 g, F: 19 g, Kh: 62 g, kJ: 2036, kcal: 486, BE: 4,5

1	Möhre (etwa 150 g)
1 ½ kg	große, festkochende Kartoffeln
300 g	Zwiebeln
30 g	getrocknete Steinpilze
6	Wacholderbeeren
7 EL	Olivenöl
1 TL	gerebelter Thymian
300 ml	Gemüsebrühe
700 g	braune Champignons
60 g	Buchweizen
	Salz
	frisch gemahlener Pfeffer
½ Bund	glatte Petersilie

Zubereitungszeit: 45 Minuten

1. Die Möhre putzen, schälen, abspülen, abtropfen lassen, längs halbieren und in dünne Scheiben schneiden.

2. Kartoffeln waschen, schälen, abspülen, abtropfen lassen und in etwa 2 cm große Würfel schneiden.

3. Zwiebeln abziehen und in Streifen schneiden. Steinpilze in einem Sieb abspülen und abtropfen lassen. Wacholderbeeren in einem Mörser grob zerstoßen.

4. Zwei Esslöffel des Olivenöls in einem großen Topf erhitzen. Möhrenscheiben, Zwiebelstreifen, Steinpilze, Thymian und Wacholderbeeren darin unter Rühren andünsten.

5. Kartoffelwürfel und Brühe hinzugeben, zum Kochen bringen und zugedeckt etwa 20 Minuten bei mittlerer Hitze dünsten.

6. In der Zwischenzeit die Champignons putzen, mit Küchenpapier abreiben, evtl. kurz abspülen und trocken tupfen. Champignons je nach Größe halbieren oder vierteln.

7. Einen Esslöffel des restlichen Olivenöls in einer kleinen Pfanne erhitzen. Buchweizen darin bei mittlerer Hitze rösten, bis er duftet. Buchweizen mit Salz würzen und etwas abkühlen lassen. Anschließend im Mörser grob zerstoßen.

8. Restliches Olivenöl in einer großen Pfanne erhitzen. Champignons darin etwa 3 Minuten bei starker Hitze anbraten. Mit Salz und Pfeffer würzen. Sobald die Champignons Flüssigkeit abgeben, die Champignons mit der Flüssigkeit zu den Kartoffelwürfeln in den Topf geben und etwa 5 Minuten mitgaren.

9. Petersilie abspülen und trocken tupfen. Die Blättchen von den Stängeln zupfen. Blättchen in breite Streifen schneiden.

10. Den Kartoffel-Pilz-Topf aufkochen. Die Hälfte der Petersiliestreifen unterrühren. Den Kartoffel-Pilz-Topf mit Salz und Pfeffer würzen, mit Buchweizen und restlichen Petersilienstreifen bestreuen.

Kartoffelpuffer mit dreierlei Blitz-Salsa

Für Gäste
4 Portionen

Pro Portion: E: 11 g, F: 14 g, Kh: 38 g,
kJ: 1357, kcal: 324, BE: 3,0

```
10–12   TK-Kartoffelpuffer
```

Für die Tomatensalsa:
```
         1  große Fleischtomate (etwa 250 g)
      2 EL  Speiseöl
              Salz, frisch gemahlener Pfeffer
         1  Schalotte
  4 Stängel  Basilikum
      1 TL  flüssiger Honig
```

Für den Schnittlauch-Eier-Dip:
```
         2  hart gekochte Eier
   ½ Bund   Schnittlauch
      2 EL  mittelscharfer Senf
      1 EL  saure Sahne
```

Für die Feta-Tomaten-Salsa:
```
         3  Frühlingszwiebeln
     100 g  Fetakäse
              Zucker
```

Zubereitungszeit: 20 Minuten

1. Den Backofen vorheizen.
Ober-/Unterhitze: etwa 200 °C
Heißluft: etwa 180 °C

2. Die gefrorenen Kartoffelpuffer auf einem Backblech (mit Backpapier belegt) verteilen. Das Backblech in den vorgeheizten Backofen schieben. Die Kartoffelpuffer nach Packungsanleitung **15–18 Minuten knusprig braun backen.**

3. In der Zwischenzeit Tomate abspülen, trocken tupfen, halbieren und den Stängelansatz herausschneiden. Tomatenhälften in sehr kleine Würfel schneiden. Die Hälfte der Tomatenwürfel in eine kleine Schüssel geben, Speiseöl untermischen. Mit Salz und Pfeffer würzen.

4. Schalotte abziehen und in kleine Würfel schneiden. Basilikum abspülen und trocken tupfen. Die Blättchen von den Stängeln zupfen. Blättchen klein schneiden. Schalottenwürfel und Basilikum zu den Tomatenwürfeln geben und untermischen. Salsa mit Honig, Salz und Pfeffer abschmecken.

5. Eier pellen und in kleine Würfel schneiden. Schnittlauch abspülen, trocken tupfen und in Röllchen schneiden. Senf mit der sauren Sahne verrühren. Mit Salz und Pfeffer würzen. Eierwürfel und Schnittlauchröllchen unterrühren.

6. Die Frühlingszwiebeln putzen, abspülen, abtropfen lassen und in sehr kleine Stücke schneiden. Fetakäse in kleine Würfel schneiden. Restliche Tomatenwürfel mit den Käsewürfeln und Frühlingszwiebelstücken mischen. Mit Zucker und evtl. noch etwas Salz und Pfeffer abschmecken.

7. Die Kartoffelpuffer aus dem Backofen nehmen und anrichten. Tomatensalsa, Schnittlauch-Eier-Dip und die Feta-Tomaten-Salsa dazureichen.

Kartoffel-Rösti mit Chicorée-Petersilien-Salat
Für Gäste
4 Portionen

Pro Portion: E: 24 g, F: 49 g, Kh: 44 g, kJ: 2994, kcal: 714, BE: 3,0

    1 kg festkochende Kartoffeln

Für den Salat:
- 1 Bund Radieschen (etwa 350 g)
- 1 Bund glatte Petersilie
- ½ Salatgurke (etwa 250 g)
- Salz
- 2 Chicorée (etwa 500 g)
- 2–3 EL Weißweinessig
- frisch gemahlener Pfeffer
- 1–2 TL flüssiger Honig
- 1 TL mittelscharfer Senf
- 5 EL Olivenöl

Für die Rösti:
- 6–8 EL Olivenöl
- 50 g Sonnenblumenkerne

Für die pochierten Eier:
- 1 l Wasser
- 3 EL Weißweinessig
- 8 Eier (Größe M)

Zubereitungszeit: 50 Minuten, ohne Abkühlzeit

1. Kartoffeln gründlich waschen, in einem Topf knapp mit Wasser bedeckt zum Kochen bringen und zugedeckt in etwa 25 Minuten gar kochen. Die Kartoffeln abgießen, mit kaltem Wasser abspülen, abtropfen lassen, heiß pellen und erkalten lassen.

2. Für den Salat inzwischen Radieschen putzen, abspülen, abtropfen lassen und in Scheiben schneiden. Petersilie abspülen und trocken tupfen. Die Blättchen von den Stängeln zupfen.

3. Salatgurke abspülen, trocken tupfen, der Länge nach halbieren und mit einem Teelöffel die Kerne herauskratzen. Die Gurke quer in dünne Scheiben schneiden, leicht mit Salz bestreuen und zum Saftziehen stehen lassen. Chicorée von den schlechten Blättern befreien. Chicorée halbieren und die bitteren Strünke keilförmig herausschneiden. Chicoréehälften quer in etwa 1 cm breite Streifen schneiden.

4. Essig mit Salz, Pfeffer, Honig und Senf verrühren. Olivenöl unterschlagen. Die Sauce abschmecken.

5. Für die Rösti die gegarten Kartoffeln auf der groben Seite der Haushaltsreibe raspeln. 1 Esslöffel des Olivenöls in einer beschichteten Pfanne (Ø 16 cm) erhitzen. Jeweils ein Viertel der Kartoffelraspel und der Sonnenblumenkerne in die Pfanne geben, kurz anbraten. Mit Salz und Pfeffer würzen. Die Röstimasse mit einem Pfannenwender zu einer runden Platte, einem Rösti formen, zusammendrücken und etwa 3 Minuten bei schwacher bis mittlerer Hitze braten.

6. Die Rösti auf einen Teller stürzen und wieder zurück in die Pfanne gleiten lassen. Etwas von dem restlichen Olivenöl in die Pfanne geben. Die Rösti von der zweiten Seite weitere etwa 3 Minuten braten. Den fertigen Rösti auf ein Backblech legen und im Ofen warm halten. Anschließend auf die gleiche Weise 3 weitere Rösti zubereiten.

7. Für die pochierten Eier Wasser mit Essig in einem Topf zum Kochen bringen. 1 Teelöffel Salz hinzugeben. Eier einzeln in einer Kelle aufschlagen, vorsichtig in das siedende (nicht sprudelnd kochende) Wasser gleiten lassen. Eiweiß sofort mit zwei Löffeln an das Eigelb schieben und formen. Bei schwacher Hitze etwa 4 Minuten ohne Deckel gar ziehen lassen (maximal 4 Eier auf einmal garen).

8. Die gegarten Eier mit einem Schaumlöffel herausnehmen, kurz in kaltes Wasser tauchen, abtropfen lassen und die Ränder glatt schneiden. Restliche Eier auf die gleiche Weise garen.

9. Gurkenscheiben etwas abtropfen lassen, mit den restlichen, vorbereiteten Salatzutaten in eine Salatschüssel geben und mit der Salatsauce vermischen. Rösti evtl. kurz unter dem Backofengrill rösten und auf 4 Teller legen. Jeweils 1 Salatportion und 2 Eier auf den Rösti anrichten. Sofort servieren.

Kartoffel-Sahne-Tortilla

Für Gäste
8–10 Portionen

Pro Portion: E: 13 g, F: 20 g, Kh: 16 g, kJ: 1247, kcal: 298, BE: 1,0

750 g	Kartoffeln
1	rote Paprikaschote
1 Bund	Frühlingszwiebeln
150 g	Zucchini
2 EL	Olivenöl
	Salz
	frisch gemahlener Pfeffer
14	Eier (Größe M)
250 g	Schlagsahne
2 EL	Schnittlauchröllchen

Zubereitungszeit: 55 Minuten
Backzeit: 30–40 Minuten

1. Kartoffeln waschen, schälen, abspülen, abtropfen lassen und in dünne Scheiben schneiden.

2. Paprikaschote halbieren, entstielen, entkernen und die weißen Scheidewände entfernen. Schotenhälften abspülen, trocken tupfen und dann in kleine Würfel schneiden.

3. Frühlingszwiebeln putzen, abspülen, abtropfen lassen und in dünne Ringe schneiden. Die Zucchini abspülen, abtrocknen und die Enden abschneiden. Zucchini in dünne Scheiben schneiden.

4. Den Backofen vorheizen.
Ober-/Unterhitze: etwa 180 °C
Heißluft: etwa 160 °C

5. Olivenöl in einer großen Pfanne erhitzen. Kartoffelscheiben, Paprikawürfel, Frühlingszwiebelringe und Zucchinischeiben hinzugeben. Zutaten unter mehrmaligem Wenden etwa 10 Minuten von allen Seiten goldbraun braten. Mit Salz und Pfeffer würzen. Die Kartoffel-Gemüse-Mischung herausnehmen und in eine Fettpfanne (gefettet) geben.

6. Eier mit Sahne verschlagen, mit Salz und Pfeffer würzen. Schnittlauchröllchen unterrühren. Die Kartoffel-Gemüse-Mischung mit der Eiersahne übergießen. Die Fettpfanne in den vorgeheizten Backofen schieben. Tortilla **30–40 Minuten backen.**

7. Die Fettpfanne auf einen Rost stellen. Die Tortilla in Rauten schneiden und auf einer Platte anrichten.

Tipp: Tortillarauten mit Zucchinistreifen, Basilikum- und Petersilienblättchen garnieren.

Kartoffelsuppe
Klassisch
2 Portionen

Pro Portion: E: 7 g, F: 9 g, Kh: 28 g, kJ: 932, kcal: 224, BE: 2,0

4	mehligkochende Kartoffeln
1 Stange	Porree (Lauch)
400 ml	Gemüsebrühe
75 g	Crème fraîche
	Salz
	frisch gemahlener Pfeffer
2 EL	Schnittlauchröllchen

Zubereitungszeit: 10 Minuten
Garzeit: etwa 35 Minuten

1. Kartoffeln waschen, schälen, abspülen, abtropfen lassen und in haselnussgroße Würfel schneiden. Den Porree putzen, die Stange längs halbieren, gründlich waschen, abtropfen lassen und in möglichst dünne Streifen schneiden (dann lässt sich die Suppe später glatter pürieren). Dabei die weißen und grünen Porreestreifen trennen.

2. Die Kartoffelwürfel mit der Gemüsebrühe und den weißen Porreestreifen in einem Topf zum Kochen bringen und zugedeckt etwa 25 Minuten kochen lassen. Crème fraîche mit den grünen Porreestreifen hinzugeben und weitere etwa 10 Minuten garen. Anschließend die Suppe mit einem Stabmixer pürieren, bis eine feine, samtige und glatte Konsistenz entstanden ist.

3. Die Kartoffelsuppe mit Salz und Pfeffer abschmecken, in Suppentellern anrichten und mit Schnittlauchröllchen garnieren.

Tipp: Um dem Gericht den letzten Schliff zu verleihen, gebuttertes und gepfeffertes Vollkorn- oder Graubrot dazu servieren.

K

Kartoffeltarte

Etwas aufwendiger
8 Stück

Pro Stück: E: 9 g, F: 23 g, Kh: 33 g, kJ: 1556, kcal: 373, BE: 2,5

500 g	mittelgroße, festkochende Kartoffeln

Für den Teig:

200 g	Vollkorn-Weizenmehl
1 Msp.	Dr. Oetker Backin
½ gestr. TL	Salz
120 g	Butter
1	Süßkartoffel (etwa 300 g)

Für den Guss:

3	Eier (Größe M)
150 ml	Milch
150 g	Crème fraîche
	Salz
	frisch gemahlener Pfeffer
	frisch geriebene Muskatnuss
etwa 20 g	Alfalfa-Sprossen

Zubereitungszeit: 60 Minuten, ohne Kühlzeit
Backzeit: etwa 42 Minuten

1. Kartoffeln gründlich waschen, in einem Topf knapp mit Wasser bedeckt zum Kochen bringen und zugedeckt in etwa 25 Minuten gar kochen.

2. Für den Teig in der Zwischenzeit das Mehl mit dem Backpulver mischen und in eine Rührschüssel geben. Salz, Butter in kleinen Stücken und 2 Esslöffel kaltes Wasser hinzugeben. Die Zutaten mit Handrührgerät mit Rührbesen zunächst kurz auf niedrigster, dann auf höchster Stufe zu einem glatten Teig verkneten. Sollte er kleben, ihn in Frischhaltefolie gewickelt eine Zeit lang kalt stellen.

3. Den Backofen vorheizen.
Ober-/Unterhitze: etwa 200 °C
Heißluft: etwa 180 °C

4. Die Hälfte des Teiges auf einer leicht bemehlten Arbeitsfläche zu einer runden Platte (Ø etwa 28 cm) ausrollen und in eine Tarteform (Ø 28 cm, gefettet) legen. Teigboden mehrmals mit einer Gabel einstechen. Restlichen Teig in Frischhaltefolie gewickelt weiterhin kalt stellen. Die Form auf dem Rost in den vorgeheizten Backofen schieben. Den Boden **etwa 12 Minuten vorbacken.**

5. Die Form auf einen Kuchenrost stellen. Den Boden etwas abkühlen lassen.

6. Die gegarten Pellkartoffeln abgießen, mit kaltem Wasser abspülen, abtropfen lassen und heiß pellen. Kartoffeln etwas abkühlen lassen.

7. Süßkartoffel waschen, schälen, abspülen, abtropfen lassen, der Länge nach halbieren und quer in etwa ½ cm dicke Scheiben schneiden. Abgekühlte Kartoffeln ebenfalls in Scheiben schneiden.

8. Aus dem restlichen kalt gestellten Teig 2 etwa 38 cm lange Rollen formen, in die Tarteform legen und einen Rand andrücken. Die Kartoffelscheiben (auch Süßkartoffelscheiben) dachziegelartig auf dem vorgebackenen Boden verteilen.

9. Für den Guss die Eier mit Milch und Crème fraîche verschlagen. Mit Salz, Pfeffer und Muskat würzen. Die Kartoffelscheiben mit dem Eierguss übergießen.

10. Die Form wieder auf dem Rost in den vorgeheizten Backofen schieben. Die Tarte **bei gleicher Backofentemperatur in etwa 30 Minuten fertig backen.**

11. Alfalfa-Sprossen in ein Sieb geben, mit warmem Wasser abspülen und abtropfen lassen. Die Tarte heiß oder kalt mit den Sprossen servieren.

K

Käsestangen mit verschiedenen Saucen
Für die Party
20 Stück

Pro Stück: E: 5 g, F: 14 g, Kh: 13 g, kJ: 822, kcal: 197, BE: 1,0

Für den Knetteig:
- 300 g Weizenmehl
- 200 g Butter
- 30 g frisch geriebener Parmesan-Käse
- 1 TL Paprikapulver edelsüß
- 1 EL frisch gemahlener Pfeffer
- 1 Eigelb (Größe M)
- 1 EL Eiswasser

- 1 Eigelb
- 2 EL Milch
- 100 g frisch geriebener Parmesan-Käse
- 100 g geschälte Sesamsamen

Zubereitungszeit: 30 Minuten, ohne Kühlzeit
Backzeit: etwa 15 Minuten

1. Für den Teig das Mehl in eine Rührschüssel geben. Restliche Zutaten hinzufügen und mit Handrührgerät mit Knethaken zunächst kurz auf niedrigster, dann auf höchster Stufe gut durcharbeiten. Anschließend auf einer leicht bemehlten Arbeitsfläche zu einem glatten Teig verkneten. Den Teig in Frischhaltefolie gewickelt etwa 2 Stunden kalt stellen.

2. Den Backofen vorheizen.
Ober-/Unterhitze: etwa 180 °C
Heißluft: etwa 160 °C

3. Den kalt gestellten Teig auf der leicht bemehlten Arbeitsfläche zu einem Quadrat (etwa 40 x 40 cm) ausrollen. Eigelb mit Milch verschlagen. Die Hälfte der Teigplatte damit bestreichen und mit Käse bestreuen. Die nicht bestrichene Teighälfte darüberklappen, mit einer Teigrolle fest andrücken. Teigoberfläche mit der restlichen Eigelbmilch bestreichen und mit Sesam bestreuen.

4. Den Teig senkrecht in etwa 2 cm breite Streifen schneiden, auf ein Backblech (mit Backpapier belegt) legen. Das Backblech in den vorgeheizten Backofen schieben. Käsestangen **etwa 15 Minuten backen.**

5. Die Käsestangen mit dem Backpapier vom Backblech auf einen Kuchenrost ziehen, erkalten lassen.

Für die Paprikasalsa (im Foto Mitte):
10 Portionen

Pro Portion: E: 2 g, F: 3 g, Kh: 7 g, kJ: 287, kcal: 69, BE: 0,5

- je 4 rote und gelbe Paprikaschoten
- 1 Zwiebel
- 1 Knoblauchzehe
- 4 Zweige Zitronenthymian
- 2 EL Balsamico-Essig
- 30 ml Olivenöl
- 1 TL mittelscharfer Senf
- 1 Prise Zucker
- Salz, frisch gemahlener Pfeffer

Zubereitungszeit: 30 Minuten

1. Paprikaschoten mit einem Sparschäler dünn abschälen. Schoten halbieren, entstielen, entkernen, weiße Scheidewände entfernen. Schotenhälften würfeln, in eine Schüssel geben.

2. Zwiebel und Knoblauch abziehen, in kleine Würfel schneiden. Zwiebelwürfel unter die Paprikawürfel mischen. Knoblauchwürfel in eine kleine Schüssel geben.

3. Thymian abspülen, trocken tupfen. Blättchen von den Stängeln zupfen. Blättchen zu den Knoblauchwürfeln geben. Essig unterrühren. Olivenöl unterschlagen. Mit Senf, Zucker, Salz und Pfeffer würzen. Die Marinade zu den Paprikawürfeln geben, gut untermischen. Salsa kalt stellen und über Nacht durchziehen lassen.

Für die Olivensalsa (im Foto links):
10 Portionen

Pro Portion: E: 1 g, F: 15 g, Kh: 4 g, kJ: 642, kcal: 153, BE: 0,0

je 200 g	grüne und schwarze Oliven
1 Bund	Frühlingszwiebeln
3 Stängel	Petersilie
1	Bio-Orange (unbehandelt, ungewachst)
3 EL	Zitronensaft
1 TL	brauner Zucker
	Salz, frisch gemahlener Pfeffer
4 EL	Olivenöl

Zubereitungszeit: 30 Minuten

1. Oliven abtropfen lassen, grob hacken. Frühlingszwiebeln putzen, abspülen, abtropfen lassen, sehr klein schneiden. Petersilie abspülen, trocken tupfen. Blättchen von den Stängeln zupfen. Blättchen grob zerschneiden. Vorbereitete Zutaten in einer Schüssel vermischen.

2. Orange heiß abwaschen, abtrocknen. Schale abreiben, in eine Schüssel geben. Orange halbieren und den Saft auspressen. Orangensaft, -schale, Zitronensaft, Zucker, Salz und Pfeffer in eine Schüssel geben. Olivenöl unterschlagen. Die Marinade mit den vorbereiteten Zutaten vermischen.

3. Die Salsa kalt stellen und vor dem Servieren in Gläser füllen.

Für die Tomatensalsa (im Foto rechts):
10 Portionen

Pro Portion: E: 3 g, F: 6 g, Kh: 5 g, kJ: 358, kcal: 85, BE: 0,0

400 g	reife Strauchtomaten
200 g	Cocktailtomaten
100 g	getrocknete Tomaten, in Öl
1	rote Zwiebel
100 g	grüne Oliven, ohne Stein
1 Bund	Basilikum
2 EL	Tomatenöl (von den getrockneten Tomaten) oder Olivenöl
50 g	frisch gehobelter Parmesan-Käse
	Salz
	frisch gemahlener Pfeffer

Zubereitungszeit: 30 Minuten

1. Strauch- und Cocktailtomaten abspülen, trocken tupfen. Strauchtomaten halbieren, entstielen, entkernen, Stängelansätze herausschneiden. Tomatenhälften in kleine Würfel schneiden. Cocktailtomaten halbieren, evtl. Stängelansätze herausschneiden. Getrocknete Tomaten abtropfen lassen, evtl. das Öl auffangen. Die Tomaten fein hacken.

2. Zwiebel abziehen, klein würfeln. Oliven abtropfen lassen, grob hacken. Die vorbereiteten Zutaten in eine Schüssel geben.

3. Basilikum abspülen, trocken tupfen. Blättchen von den Stängeln zupfen. Blättchen in feine Streifen schneiden und unter die Zutaten heben. Tomaten- oder Olivenöl hinzugießen, mit dem Käse unter die Salsa mischen. Mit Salz und Pfeffer abschmecken.

Käsesuppe mit Croûtons und Frühlingszwiebeln

Klassisch – mit Alkohol
5 Portionen

Pro Portion: E: 20 g, F: 31 g, Kh: 21 g, kJ: 1987, kcal: 475, BE: 1,5

Für die Suppe:

50 g	Butter oder Margarine
35 g	Weizenmehl
250 ml (¼ l)	Weißwein
250 ml (¼ l)	Gemüsebrühe
500 ml (½ l)	Milch
	Salz, frisch gemahlener Pfeffer
	frisch geriebene Muskatnuss
2	Knoblauchzehen
120 g	Greyerzer Käse
120 g	Emmentaler Käse
1 kleines Bund	Frühlingszwiebeln

Für die Croûtons:

4 Scheiben	Weißbrot
25 g	Butter

Zubereitungszeit: 50 Minuten
Garzeit: etwa 5 Minuten

1. Für die Suppe Butter oder Margarine in einem Topf zerlassen. Mehl hinzufügen und unter Rühren so lange erhitzen, bis es hellgelb ist.

2. Wein, Brühe und Milch hinzugießen. Mit einem Schneebesen durchschlagen. Dabei darauf achten, dass keine Klümpchen entstehen. Mit Salz, Pfeffer und Muskat würzen.

3. Knoblauch abziehen, halbieren und in die Suppe geben. Die Suppe zum Kochen bringen und etwa 5 Minuten bei schwacher Hitze kochen lassen. Die Knoblauchhälften entfernen.

4. Greyerzer und Emmentaler Käse auf einer Haushaltsreibe grob reiben und unter die Suppe rühren. Die Suppe unter Rühren erhitzen, bis der Käse geschmolzen ist.

5. Frühlingszwiebeln putzen, abspülen, abtropfen lassen und in feine Ringe schneiden.

6. Für die Croûtons Weißbrotscheiben entrinden und in kleine Würfel schneiden. Butter in einer großen Pfanne zerlassen. Die Brotwürfel darin von allen Seiten unter Rühren anrösten, herausnehmen und mit Salz bestreuen.

7. Käsesuppe nochmals mit Salz, Pfeffer und Muskat abschmecken. Mit den Frühlingszwiebelringen und Croûtons anrichten.

Tipp: Die Knoblauchhälften können auf eine Gabel gespießt und in die Suppe gegeben werden, dann lassen sie sich sehr einfach wieder herausholen.

Käse-Zwiebel-Muffins mit Tomaten-Chutney

Etwas Besonderes
12 Muffins

Pro Stück: E: 8 g, F: 12 g, Kh: 66 g, kJ: 1719, kcal: 408, BE: 5,0

250 g	Weizenmehl
1 TL	Paprikapulver edelsüß
100 g	Röstzwiebeln (Fertigprodukt)
2 gestr. TL	Dr. Oetker Backin
1 gestr. TL	Natron
1 gestr. TL	Salz
250 ml (¼ l)	Buttermilch
40 ml	Olivenöl
150 g	Parmesan-Käse (am Stück)

Für das Tomaten-Chutney:

600 g	rote Zwiebeln
500 g	Tomaten
500 g	Extra Gelierzucker 2:1
100 ml	weißer Balsamico-Essig

Außerdem:

12	Papierbackförmchen

Zubereitungszeit: 30 Minuten, ohne Abkühlzeit
Backzeit: etwa 25 Minuten

1. Den Backofen vorheizen.
Ober-/Unterhitze: etwa 180 °C
Heißluft: etwa 160 °C

2. Für den Teig Mehl in eine Rührschüssel geben. Paprika, Röstzwiebeln, Backpulver, Natron und Salz untermischen. Buttermilch und Olivenöl hinzugeben. Die Zutaten mit Handrührgerät mit Knethaken zunächst kurz auf niedrigster, dann auf höchster Stufe zu einem glatten Teig verkneten. Parmesan-Käse in kleine Würfel schneiden und unter den Teig arbeiten.

3. Den Teig in einer Muffinform (für 12 Muffins, mit Papierbackförmchen ausgelegt) verteilen. Die Form auf dem Rost in den vorgeheizten Backofen schieben. Die Muffins **etwa 25 Minuten backen.**

4. In der Zwischenzeit für das Chutney die Zwiebeln abziehen und in kleine Würfel schneiden. Tomaten abspülen, trocken tupfen, halbieren und die Stängelansätze entfernen. Tomatenhälften in Würfel schneiden. Die Zwiebel- und Tomatenwürfel mit dem Gelierzucker in einem Topf gut verrühren und zum Kochen bringen. Die Zutaten mindestens 3 Minuten unter ständigem Rühren sprudelnd kochen lassen. Essig unterrühren, nochmals aufkochen lassen. Den Topf von der Kochstelle nehmen. Chutney erkalten lassen.

5. Die Muffins aus der Form heben, auf Tellern anrichten und mit dem Chutney warm oder kalt servieren.

Kichererbseneintopf

Dauert länger
2 Portionen

Pro Portion: E: 17 g, F: 11 g, Kh: 57 g, kJ: 1724, kcal: 412, BE: 4,5

Zum Vorbereiten:

125 g	getrocknete Kichererbsen
300 ml	kaltes Wasser

375 ml (3/8 l)	Gemüsebrühe
1	Knoblauchzehe
1	kleine Zwiebel
1/2–1	rote Chilischote oder
	1 Msp. Sambal Oelek
1 EL	Speiseöl, z. B. Distel- oder Sonnenblumenöl
1/2 TL	Garam Masala (indisches Gewürz)
1 TL	Currypulver
150 g	Staudensellerie
1	Möhre
4	getrocknete Aprikosen
1 kleine Stange	Porree (Lauch)
1 EL	Rosinen
	Saft von
1/2	Orange oder 4 EL Orangensaft
75 g	Joghurt
	Salz

Zubereitungszeit: 20 Minuten, ohne Einweichzeit
Garzeit: etwa 60 Minuten

1. Zum Vorbereiten Kichererbsen in einem Topf mit Wasser bedeckt über Nacht quellen lassen.

2. Die gequollenen Kichererbsen mit dem Einweichwasser und der Brühe in dem Topf zum Kochen bringen und zugedeckt etwa 50 Minuten bei schwacher Hitze kochen lassen, bis die Kichererbsen fast gar sind.

3. In der Zwischenzeit Knoblauch und Zwiebel abziehen, in kleine Würfel schneiden. Chilischote halbieren, entstielen, entkernen, abspülen, abtropfen lassen und in feine Streifen schneiden.

4. Speiseöl in einer kleinen Pfanne erhitzen. Knoblauch- und Zwiebelwürfel darin kurz andünsten. Chilistreifen oder Sambal Oelek, Garam Masala und Curry hinzufügen, unter gelegentlichem Rühren mitdünsten lassen. Die Pfanne von der Kochstelle nehmen.

5. Staudensellerie putzen und die harten Außenfäden abziehen. Etwas Selleriegrün beiseitelegen. Selleriestangen abspülen und abtropfen lassen.

6. Die Möhre putzen, schälen, abspülen und abtropfen lassen. Den Sellerie und die Möhre in dünne Scheiben schneiden.

7. Knoblauch-Zwiebel-Mischung, Sellerie- und Möhrenscheiben zu den Kichererbsen in den Topf geben, wieder zum Kochen bringen, weitere etwa 10 Minuten kochen lassen, bis die Kichererbsen und das Gemüse gar sind.

8. Aprikosen in Würfel schneiden. Porree putzen, die Stange längs halbieren, gründlich waschen und abtropfen lassen.

9. Porree in feine Streifen schneiden, etwa die Hälfte der Porreestreifen in den Eintopf geben. Restliche Porreestreifen zum Garnieren beiseitelegen.

10. Aprikosenwürfel, Rosinen, Orangensaft und Joghurt unter den Eintopf rühren und kurz erwärmen (nicht mehr kochen lassen). Eintopf mit etwas Salz abschmecken.

11. Den Eintopf vor dem Servieren mit beiseitegelegten Porreestreifen und Selleriegrün garnieren.

Beilage: Fladenbrot.

Tipps: Statt mit Porreestreifen die Suppe mit Kresse garnieren. Dafür 1/2 Päckchen Gartenkresse abspülen, trocken tupfen und etwas Kresse abschneiden. Die Suppe damit bestreuen. Verwenden Sie, wenn es schnell gehen soll, 1 Dose Kichererbsen (Abtropfgewicht 265 g). Kichererbsen in ein Sieb geben, kalt abspülen und abtropfen lassen. Mit 500 ml (1/2 l) Gemüsebrühe in einem Topf aufkochen. Dann den Eintopf weiter wie ab Rezeptpunkt 3 beschrieben zubereiten.

Kichererbsenpuffer mit Möhrensalat

Raffiniert
2 Portionen

Pro Portion: E: 25 g, F: 36 g, Kh: 77 g, kJ: 3079, kcal: 736, BE: 6,0

Für den Salat:
- 500 g Möhren
- 2 EL Sonnenblumenöl
- 1 Limette
- Salz
- 1–2 TL flüssiger Blütenhonig

Für die Kichererbsenpuffer:
- 1 Dose Kichererbsen (Abtropfgewicht 450 g)
- 1 Frühlingszwiebel (etwa 30 g)
- 1 Bund Koriander
- 1 Eiweiß (Größe M)
- 50 g Weichweizengrieß
- 1 Bund Radieschen (etwa 250 g)
- 1 EL schwarze Sesamsamen
- frisch gemahlener Pfeffer
- 1 Msp. gemahlener Zimt
- Cayennepfeffer
- 3 EL Sonnenblumenöl

Zubereitungszeit: 45 Minuten, ohne Abkühl- und Stehzeit

1. Für den Salat Möhren putzen, schälen, abspülen, abtropfen lassen und in dünne Scheiben schneiden. Sonnenblumenöl in einem Topf erhitzen. Die Möhrenscheiben darin etwa 3 Minuten unter Rühren dünsten. Limette halbieren und den Saft auspressen. Möhrenscheiben mit Salz, 3 Esslöffeln Limettensaft und Honig würzen, erkalten lassen.

2. Für die Puffer Kichererbsen in einem Sieb abtropfen lassen. Frühlingszwiebel putzen, abspülen, abtropfen lassen und in kleine Stücke schneiden. Den Koriander abspülen und trocken tupfen. Die Hälfte der Blättchen von den Stängeln zupfen. Blättchen klein schneiden. Restlichen Koriander für den Salat beiseitelegen.

3. Kichererbsen, Eiweiß und 30 g Weichweizengrieß in einen hohen Rührbecher geben, mit dem Schneidstab fein pürieren. Frühlingszwiebelstückchen und klein geschnittenen Koriander unterrühren. Die Masse etwa 15 Minuten stehen lassen.

4. Radieschen putzen, abspülen, abtropfen lassen und in feine Scheiben schneiden. Sesam in einer Pfanne ohne Fett rösten, bis er duftet, leicht salzen und im Mörser leicht zerstoßen. Sesam abkühlen lassen.

5. Von dem beiseitegelegten Koriander die Blättchen von den Stängeln zupfen.

6. Die Kichererbsenmasse mit Salz, Pfeffer, Zimt und Cayennepfeffer abschmecken. Aus der Masse 12 Bällchen formen, im restlichen Weichweizengrieß wälzen und etwas flach drücken.

7. Sonnenblumenöl in einer beschichteten Pfanne erhitzen. Kichererbsenpuffer hineingeben und von jeder Seite etwa 2 Minuten bei mittlerer Hitze goldbraun backen. Puffer herausnehmen und auf Küchenpapier abtropfen lassen.

8. Radieschen-, Möhrenscheiben und Korianderblättchen mischen. Den Salat mit Salz, Pfeffer und Cayennepfeffer würzen. Kichererbsenpuffer mit dem Salat anrichten. Den Salat mit Sesam bestreuen.

Kichererbsen-Sambal
Exotisch
2 Portionen

Pro Portion: E: 14 g, F: 14 g, Kh: 60 g, kJ: 1826, kcal: 436, BE: 4,5

1 Dose	Kichererbsen (Abtropfgewicht 240 g)
5	getrocknete Aprikosen
1	rote Zwiebel
100 g	Baby-Spinat
12	Cocktailtomaten
2 EL	Speiseöl
1 EL	Currypulver, mild
1 EL	Sambal Oelek
2 EL	brauner Zucker (Rohrzucker)
250 ml (¼ l)	Gemüsebrühe (evtl. aus gekörnter Bio-Brühe)
	Salz
1 TL	Speisestärke
5–6	Minzeblättchen
1 EL	Limettensaft

Zubereitungszeit: 40 Minuten
Garzeit: 2–3 Minuten

1. Kichererbsen in ein Sieb geben, mit kaltem Wasser abspülen und abtropfen lassen. Aprikosen in kleine Stücke schneiden. Zwiebel abziehen, halbieren und in etwa ½ cm breite Streifen schneiden.

2. Spinat putzen, gründlich abspülen und gut abtropfen lassen oder trocken schleudern. Tomaten abspülen, abtropfen lassen und halbieren. Evtl. die Stängelansätze herausschneiden.

3. Speiseöl in einem Topf erhitzen. Zwiebelstreifen darin unter Rühren weich dünsten. Mit Curry, Sambal Oelek und Zucker würzen. Kichererbsen, Aprikosenstücke, Tomatenhälften und Spinat untermischen. Brühe hinzugießen, mit Salz würzen.

4. Die Zutaten zum Kochen bringen und 2–3 Minuten kochen lassen. Speisestärke mit etwas Wasser anrühren, unter das Gemüse rühren und kurz aufkochen lassen.

5. Minzeblättchen abspülen, trocken tupfen und grob zerschneiden. Minze und Limettensaft unter das Kichererbsen-Sambal mischen.

Beilage: Basmati-Reis.

Kleine Pilzquiches
Für Gäste
12 Stück

Pro Stück: E: 6 g, F: 15 g, Kh: 14 g, kJ: 898, kcal: 215, BE: 1,0

Für den Teig:
- 450 g TK-Blätterteig (6 Platten)

Für die Füllung:
- 500 g Champignons
- 2 Frühlingszwiebeln
- 2 EL Olivenöl
- Salz, frisch gemahlener Pfeffer
- 1 Scheibe Toastbrot
- 30 g geriebener Emmentaler Käse
- 200 g Schmand (Sauerrahm)
- 2 Eier (Größe M)
- Paprikapulver rosenscharf

Zubereitungszeit: 50 Minuten, ohne Auftau- und Abkühl- und Ruhezeit
Backzeit: 25–30 Minuten

1. Für den Teig Blätterteigplatten zugedeckt nebeneinander nach Packungsanleitung auftauen lassen.

2. Für die Füllung Champignons mit Küchenpapier abreiben, evtl. kurz abspülen, trocken tupfen und vierteln. Frühlingszwiebeln putzen, abspülen, abtropfen lassen und in dünne Ringe schneiden.

3. Olivenöl in einer Pfanne erhitzen. Champignonviertel darin unter Rühren goldbraun braten. Mit Salz und Pfeffer würzen, Frühlingszwiebelringe unterheben. Die Champignonmasse erkalten lassen.

4. Den Backofen vorheizen.
Ober-/Unterhitze: etwa 200 °C
Heißluft: etwa 180 °C

5. Die Toastbrotscheibe mit einem Schneidstab zerbröseln, mit Käse vermischen.

6. Schmand und Eier verschlagen, mit Salz, Pfeffer und Paprika würzen.

7. Je 3 Blätterteigplatten aufeinanderlegen, auf einer leicht bemehlten Arbeitsfläche zu je einem Rechteck (etwa 33 x 23 cm) ausrollen und etwa 5 Minuten ruhen lassen.

8. Aus den Blätterteigrechtecken jeweils 6 runde Platten (Ø etwa 11 cm) ausstechen. Die Teigplatten in eine Muffinform (für 12 Muffins, gefettet) legen. Teigboden jeweils mit einer Gabel mehrmals einstechen. Die Champignonmasse auf dem Teig verteilen. Schmandmasse daraufgeben und mit der Brot-Käse-Mischung bestreuen. Die Form auf dem Rost in den vorgeheizten Backofen schieben. Die Pilzquiches **25–30 Minuten backen.**

9. Die Form auf einen Kuchenrost stellen. Die Pilzquiche etwa 10 Minuten in der Form abkühlen lassen, dann aus der Form lösen und sofort servieren.

Knusper-Päckchen
Raffiniert
6 Stück

Pro Stück: E: 10 g, F: 14 g, Kh: 30 g, kJ: 1222, kcal: 291, BE: 2,5

750 g	frische Aprikosen oder	
	1 Dose Aprikosenhälften	
	(Abtropfgewicht 540 g)	
½	Bio-Zitrone	
	(unbehandelt, ungewachst)	
1 Prise	gemahlener Zimt	
1 Pck.	Dr. Oetker Vanillin-Zucker	
evtl. 3–4 EL	flüssiger Honig	
12	kleine, runde Blätter Filoteig	
	(Fertigprodukt aus dem	
	Kühlregal, erhältlich in türkischen	
	Lebensmittelläden)	
3–4 EL	zerlassene Butter	
250 g	Magerquark	
1	Ei (Größe M)	
2 gestr. EL	Dr. Oetker Pudding-Pulver	
	Vanille-Geschmack	
2 EL	gehackte Pistazienkerne	

Zubereitungszeit: 20 Minuten
Backzeit: 25–30 Minuten

1. Die frischen Aprikosen abspülen, abtropfen lassen, halbieren und entsteinen. Die Aprikosenhälften aus der Dose in einem Sieb abtropfen lassen. 8 Aprikosenhälften in kleine Würfel schneiden und in eine Schüssel geben.

2. Zitrone heiß abwaschen, abtrocknen und die Schale fein abreiben. Danach den Saft auspressen. 2 Esslöffel Zitronensaft und Zimt zu den Aprikosenwürfeln in die Schüssel geben und untermischen.

3. Restliche Aprikosenhälften mit Vanillin-Zucker und restlichem Zitronensaft in einem hohen Rührbecher fein pürieren, evtl. mit Honig abschmecken.

4. Den Backofen vorheizen.
Ober-/Unterhitze: etwa 180 °C
Heißluft: etwa 160 °C

5. Die Hälfte der Filoteigblätter auf der leicht bemehlten Arbeitsfläche ausbreiten. Filoteigblätter dünn mit etwas von der Butter bestreichen und jeweils mit einem zweiten Filoblatt belegen. Ebenfalls dünn mit Butter bestreichen.

6. Sechs Vertiefungen einer Muffinform mit Butter ausstreichen. Die doppelt aufeinanderliegenden Filoteigblätter in die Vertiefungen legen, dabei jeweils den Rand und Boden leicht andrücken. Überstehenden Teig am oberen Rand abschneiden.

7. Aprikosenwürfel in einem Sieb abtropfen lassen, dabei den Saft auffangen. Aprikosensaft mit Zitronenschale, Quark, restlichem Honig, Ei, Pudding-Pulver und 1 Esslöffel Pistazienkerne glatt rühren. Aprikosenwürfel unterheben. Die Quark-Aprikosen-Masse in die mit Filoteigblättern ausgelegten Förmchen geben. Mit den restlichen Pistazienkernen bestreuen.

8. Die Form auf dem Rost in den vorgeheizten Backofen schieben. Die Knusper-Päckchen **25–30 Minuten backen.** Die Aprikosen-Quark-Päckchen evtl. kurz vor Ende der Backzeit mit Backpapier zudecken, damit der Teig nicht zu stark bräunt.

9. Die Form auf einen Kuchenrost stellen. Die Aprikosen-Quark-Päckchen kurz in der Form ruhen lassen. Dann vorsichtig aus den Förmchen lösen. Knusper-Päckchen mit dem Aprikosenpüree anrichten und sofort servieren.

Kohlrabi-Kartoffel-Zuckererbsen mit pochiertem Ei
Preiswert
4 Portionen

Pro Portion: E: 14 g, F: 30 g, Kh: 27 g, kJ: 1869, kcal: 446, BE: 2,0

2	mittelgroße Kohlrabi
4	mittelgroße Kartoffeln
250 g	Zuckerschoten
2 EL	Butter oder Margarine
1 TL	flüssiger Honig
1 EL	Zitronensaft
	Salz, frisch gemahlener Pfeffer
	frisch geriebene Muskatnuss
100 ml	Wasser
200 g	Schlagsahne
evtl. 1 Bund	Kerbel
1 l	Wasser
3 EL	Weißweinessig
4	Eier (Größe M)

Zubereitungszeit: 20 Minuten
Garzeit: etwa 20 Minuten

1. Die Kohlrabi putzen, schälen, abspülen, abtropfen lassen und in kleine Würfel schneiden. Kartoffeln waschen, schälen, abspülen, abtropfen lassen und ebenfalls klein würfeln. Von den Zuckerschoten die Enden abschneiden, evtl. abfädeln. Zuckerschoten abspülen, trocken tupfen und halbieren.

2. Butter oder Margarine in einem weiten Topf zerlassen. Kohlrabi- und Kartoffelwürfel darin unter Rühren andünsten. Flüssigen Honig, Zitronensaft, Salz, Pfeffer und Muskat hinzugeben. Kohlrabi- und Kartoffelwürfel zugedeckt etwa 7 Minuten dünsten. Zuckerschotenhälften und Wasser hinzugeben, zum Kochen bringen und zugedeckt weitere etwa 5 Minuten garen.

3. Sahne unterrühren und etwas einkochen lassen. Nach Belieben Kerbel abspülen und trocken tupfen. Die Blättchen von den Stängeln zupfen. Blättchen klein schneiden und dann zu den Kohlrabi-Kartoffel-Zuckerschoten geben. Nochmals mit den Gewürzen abschmecken.

4. Wasser mit Essig und 1 Esslöffel Salz in einem Topf aufkochen lassen. Die Temperatur reduzieren, sodass das Wasser sich nur leicht bewegt.

5. Die Eier einzeln in einer Tasse oder Suppenkelle aufschlagen und vorsichtig in das siedende Wasser gleiten lassen. Die Eier nach etwa 4 Minuten mit einer Schaumkelle aus dem Salzwasser heben und mit den Kohlrabi-Kartoffel-Zuckerschoten servieren.

Kokosmilchnudeln mit Früchten
Für Kinder – einfach
4 Portionen als Hauptgericht,
8 Portionen als Dessert

Pro Portion (4 Portionen):
E: 17 g, F: 22 g, Kh: 97 g,
kJ: 2750, kcal: 659, BE: 8,0

400 ml	Kokosmilch
600 ml	fettarme Milch
2 EL	flüssiger Honig
1 EL	Zucker
300 g	kleine Suppennudeln, z. B. Hörnchen

Für das Pflaumenkompott:

600 g	Pflaumen
30 g	Zucker
½ Stange	Zimt
125 ml (⅛ l)	klarer Apfelsaft

Zubereitungszeit: 20 Minuten, ohne Abkühlzeit

1. Kokosmilch mit Milch, Honig und Zucker in einem Topf verrühren und zum Kochen bringen. Nudeln hinzugeben. Die Nudeln bei schwacher bis mittlerer Hitze bissfest garen, dabei gelegentlich umrühren.

2. In der Zwischenzeit für das Pflaumenkompott die Pflaumen abspülen, trocken tupfen, entstielen, halbieren und entsteinen. Pflaumenhälften grob zerkleinern.

3. Pflaumenstücke mit Zucker, Zimtstange und Apfelsaft in einem Topf zum Kochen bringen, etwa 2 Minuten bei schwacher bis mittlerer Hitze kochen lassen. Pflaumenkompott abkühlen lassen und Zimtstange entfernen.

4. Sobald die Nudeln bissfest sind, die Temperatur erhöhen. Die verbliebene Flüssigkeit unter vorsichtigem Rühren kräftig einkochen lassen, bis die Nudelmasse leicht sämig ist.

5. Die Kokosmilchnudeln mit dem Pflaumenkompott in tiefen Tellern anrichten. Oder das Pflaumenkompott getrennt zu den Kokosmilchnudeln reichen.

Tipps: Verwenden Sie für dieses Gericht doch einmal helle Vollkornnudeln. Durch das Garen in der süßen Kokosmilch werden sie ganz weich und verlieren den typischen Vollkorn-Geschmack. So mögen auch kleine Kinder Vollkornnudeln ganz gern. Sie können auch Pflaumenhälften aus dem Glas dazureichen. Die Nudeln schmecken auch kalt sehr gut. Falls die Nudeln zu fest geworden sind, etwas Milch unterrühren, evtl. noch 1 Teelöffel Zimt-Zucker daraufstreuen.

Kokosmilch-Pilaw

Einfach
2 Portionen

Pro Portion: E: 12 g, F: 34 g, Kh: 57 g, kJ: 2465, kcal: 592, BE: 4,5

1	kleine Zwiebel
150 g	Staudensellerie
1	gelbe Paprikaschote
1 EL	Cashewkerne
1	Bio-Zitrone (unbehandelt, ungewachst)
1 EL	Butter
100 g	Langkornreis
100 g	TK-Erbsen
	Salz
	frisch gemahlener Pfeffer
200 ml	ungesüßte Kokosmilch
1 EL	Kokosraspel
1 EL	frisch gehackte Petersilie

Zubereitungszeit: 40 Minuten, ohne Abkühlzeit
Garzeit: etwa 15 Minuten

1. Zwiebel abziehen und klein würfeln. Staudensellerie putzen und die harten Außenfäden abziehen. Selleriestangen abspülen, abtropfen lassen und in Scheiben schneiden. Paprikaschote halbieren, entstielen, entkernen und die weißen Scheidewände entfernen. Schotenhälften abspülen, abtropfen lassen und in Streifen schneiden.

2. Cashewkerne grob hacken. Die Zitrone heiß abwaschen, abtrocknen und von der Schale einen dünnen Streifen abschneiden. Zitrone halbieren, den Saft auspressen und beiseitestellen.

3. Butter in einem Topf zerlassen. Zwiebelwürfel und Langkornreis darin unter Rühren glasig dünsten. Die Selleriescheiben, Paprikastreifen, Cashewkerne und gefrorene Erbsen hinzufügen, kurz mitdünsten lassen. Mit Salz und Pfeffer würzen. Kokosmilch hinzugießen, Zitronenschale unterrühren. Die Zutaten zum Kochen bringen. Den Reis mit dem Gemüse zugedeckt etwa 15 Minuten bei schwacher Hitze gar ziehen lassen.

4. In der Zwischenzeit Kokosraspel in einer Pfanne ohne Fett unter Rühren goldbraun rösten, herausnehmen und auf einem Teller abkühlen lassen.

5. Die Zitronenschale aus dem Pilaw entfernen. Pilaw mit etwa 3 Esslöffeln von dem beiseitegestellten Zitronensaft und der Petersilie vermengen. Mit Salz und Pfeffer kräftig abschmecken. Kokosmilch-Pilaw mit den Kokosraspeln bestreuen.

Krautsalat
Klassisch
5 Portionen

Pro Portion: E: 2 g, F: 5 g, Kh: 7 g, kJ: 353, kcal: 84, BE: 0,5

1 kleiner Kopf	Weißkraut (Weißkohl, etwa 750 g)
½ gestr. TL	Salz
1 TL	Zucker
1	Zwiebel
2–3 EL	Olivenöl
2–3 EL	Weißweinessig
½ TL	Kümmelsamen

Zubereitungszeit: 25 Minuten, ohne Durchziehzeit

1. Weißkraut putzen, vierteln und den Strunk herausschneiden. Krautviertel abspülen, abtropfen lassen und auf einem Gemüsehobel in feine Streifen hobeln. Krautstreifen in eine Salatschüssel geben. Salz und Zucker untermischen, mindestens 1 Stunde durchziehen lassen.

2. Zwiebel abziehen, in feine Streifen schneiden und mit den Weißkrautstreifen vermischen.

3. Olivenöl, Essig und Kümmel unter den Salat rühren, mit Salz und Zucker abschmecken. Den Krautsalat mindestens 5 Stunden durchziehen lassen.

Kürbisgratin
Für Gäste
4 Portionen

Pro Portion: E: 7 g, F: 22 g, Kh: 49 g,
kJ: 1761, kcal: 421, BE: 4,0

Für das Gratin:

- 50 g Semmelbrösel
- 50 g abgezogene, gemahlene Mandeln
- 4 EL brauner Zucker (Rohrzucker)
- 700 g Kürbisfleisch, geputzt, ohne faserigen Innenteil

- 50 g Butter
- 3 EL brauner Zucker (Rohrzucker)
- 2 EL Puderzucker
- 1 EL gehackte Pistazienkerne

Zubereitungszeit: 60 Minuten, ohne Abkühlzeit
Überbackzeit: etwa 35 Minuten

1. Für das Gratin Semmelbrösel und Mandeln in einer Pfanne ohne Fett unter Rühren goldbraun rösten. Den Zucker unterrühren. Masse abkühlen lassen.

2. Den Backofen vorheizen.
Ober-/Unterhitze: etwa 200 °C
Heißluft: etwa 180 °C

3. Kürbisfleisch in lange, dünne Scheiben schneiden.

4. Die Semmelbrösel-Mandel-Masse in eine Tarteform (Ø 28 cm, gut gefettet) geben. Die Kürbisscheiben rosettenförmig darauf verteilen.

5. Butter zerlassen, die Kürbisscheiben damit bestreichen und mit Zucker bestreuen. Die Form auf dem Rost in den vorgeheizten Backofen schieben. Das Gratin **etwa 35 Minuten überbacken.**

6. Die Form auf einen Kuchenrost stellen. Das Gratin sofort mit Puderzucker bestäuben und mit Pistazienkernen bestreuen.

Kürbiskernbrötchen

Für Gäste
16 Stück

Pro Stück: E: 7 g, F: 7 g, Kh: 24 g, kJ: 791, kcal: 189, BE: 2,0

Zum Vorbereiten:
- 100 g Kürbiskerne

Für den Hefeteig:
- 42 g frische Hefe
- 300 ml warmes Wasser
- 250 g Weizenmehl (Type 405)
- 1 TL Zucker
- 200 g Weizenmehl (Type 1050)
- 1 gestr. TL Salz
- 2 EL Olivenöl

Für den Belag:
- 4 hart gekochte Eier
- 4 Salatblätter
- 4 EL Remouladensauce
- 1 Bund Schnittlauch

Zubereitungszeit: 45 Minuten, ohne Teiggehzeit
Backzeit: 25–30 Minuten

1. Zum Vorbereiten Kürbiskerne in einer Pfanne ohne Fett unter Rühren anrösten, herausnehmen und auf einem Teller erkalten lassen.

2. Für den Teig Hefe zerbröseln, mit Wasser in einer Rührschüssel verrühren. Mehl (Type 405) und Zucker hinzugeben. Die Zutaten mit Handrührgerät mit Knethaken zu einem glatten Vorteig verkneten.

3. Mehl (Type 1050), die Hälfte der gerösteten Kürbiskerne und Salz auf den Vorteig geben. Den Teig zugedeckt mindestens etwa 30 Minuten an einem warmen Ort gehen lassen.

4. Wenn sich der Teig deutlich vergrößert hat und das Mehl Risse zeigt, Olivenöl hinzugießen. Die Zutaten mit Handrührgerät mit Knethaken zu einem geschmeidigen Teig verkneten. Den Teig zugedeckt etwa 5 Minuten ruhen lassen.

5. Den Teig leicht mit Mehl bestäuben, aus der Schüssel nehmen und auf einer leicht bemehlten Arbeitsfläche zu einer langen Rolle formen. Teigrolle halbieren und in jeweils 8 Stücke schneiden. Die Teigstücke zu Kugeln formen und mit Abstand auf ein Backblech (gemehlt) setzen. Die Teigkugeln mit kaltem Wasser bestreichen. Restliche Kürbiskerne daraufstreuen.

6. Die Teigkugeln zugedeckt etwa 60 Minuten an einem warmen Ort gehen lassen.

7. In der Zwischenzeit den Backofen vorheizen.
Ober-/Unterhitze: etwa 200 °C
Heißluft: etwa 180 °C

8. Das Backblech in den vorgeheizten Backofen schieben. Die Brötchen **25–30 Minuten backen.**

9. Die Brötchen vom Backblech nehmen und auf einen Kuchenrost setzen.

10. Eier pellen und in Scheiben schneiden. Salatblätter abspülen und trocken tupfen. Die warmen Brötchen waagerecht durchschneiden und mit der Remouladensauce bestreichen. Salatblätter und Eierscheiben auf die unteren Brötchenhälften legen. Schnittlauch abspülen, trocken tupfen und in feine Röllchen schneiden. Die unteren Brötchenhälften damit bestreuen. Die oberen Brötchenhälften darauflegen und sofort servieren.

K

Kürbis-Orangen-Risotto mit gebratenem Rotkohl

Raffiniert
4 Portionen

Pro Portion: E: 11 g, F: 19 g, Kh: 95 g, kJ: 2529, kcal: 605, BE: 8,0

Für den Rotkohl:
- 500 g Rotkohl
- Salz

Für den Risotto:
- 1 Zwiebel (etwa 80 g)
- 2 Bio-Orangen (unbehandelt, ungewachst)
- 20 g Butterschmalz
- 350 g Risotto-Reis
- 750 ml Gemüsebrühe
- 500 g Hokkaido-Kürbis
- 150 ml Orangensaft (von den Orangen)
- 20 g Butterschmalz
- 100 g Schlagsahne
- frisch gemahlener Pfeffer
- 1 EL brauner Zucker
- gemahlene Gewürznelken
- gemahlener Zimt

grobes Meersalz

Zubereitungszeit: 40 Minuten
Garzeit: Risotto etwa 20 Minuten

1. Für den Rotkohl von dem Rotkohl die welken, äußeren Blätter entfernen. Den Kohl vierteln und den Strunk entfernen.

2. Die Kohlviertel abspülen, abtropfen lassen und in lange, dünne Streifen schneiden. Kohlstreifen in eine Schüssel geben, mit etwa ½ gestrichenen Teelöffel Salz bestreuen und beiseitestellen.

3. Für den Risotto die Zwiebel abziehen und in kleine Würfel schneiden. Die Orangen heiß abwaschen und abtrocknen. Die Schale 1 Orange fein abreiben. Die Schale der zweiten Orange mit einem Zestenreißer in feinen Streifen abziehen. Beide Orangen halbieren und den Saft auspressen (ergibt etwa 150 ml Saft).

4. Das Butterschmalz in einem breiten Topf erhitzen. Risotto-Reis und Zwiebelwürfel darin glasig dünsten. Orangenschale unterheben.

5. Die Hälfte der Brühe unterrühren und zum Kochen bringen. Den Reis zugedeckt etwa 10 Minuten bei schwacher Hitze garen, dabei gelegentlich umrühren. Die restliche Brühe hinzugeben.

6. In der Zwischenzeit den Kürbis gründlich abspülen, abtropfen lassen und ungeschält in Spalten schneiden. Kürbisspalten entkernen und in etwa 1 cm große Würfel schneiden.

7. Kürbiswürfel mit dem Orangensaft unter den Reis rühren und etwa 10 Minuten bei schwacher Hitze mitgaren lassen. Risotto dabei gelegentlich umrühren.

8. Rotkohlstreifen leicht ausdrücken. Butterschmalz in einer großen Pfanne erhitzen. Kohlstreifen darin unter Rühren anbraten.

9. Anschließend den Kohl etwa 5 Minuten bei mittlerer Hitze braten, dabei immer wieder umrühren. Kurz vor Garende die Orangenschalenstreifen unterrühren und mitgaren lassen.

10. Sahne unter den Risotto rühren. Risotto mit Salz und Pfeffer abschmecken. Den Topf von der Kochstelle nehmen.

11. Den Zucker auf die Kohlstreifen streuen und unter Rühren kurz karamellisieren lassen. 3 Esslöffel Wasser hinzugeben. Den Kohl mit gemahlenen Nelken, Zimt und Pfeffer würzen.

12. Risotto und Kohlstreifen portionsweise anrichten. Kohlstreifen mit grobem Meersalz bestreuen.

Tipp: Das Gericht kann auch mit jungem Spitzkohl zubereitet werden. Den Spitzkohl etwa 5 Minuten braten. Mit gemahlenem Koriander und etwas geriebener Zitronenschale anstelle von Zimt und Nelken würzen.

Linguini mit Tomatensugo und Picandou
Klassisch
2 Portionen

Pro Portion: E: 19 g, F: 42 g, Kh: 98 g, kJ: 3561, kcal: 851, BE: 7,5

Für die Sauce (Tomatensugo):

500 g	Tomaten
1	Zwiebel (etwa 75 g)
2	große Knoblauchzehen
2 Stängel	Minze
½–1	rote Chilischote
3 EL	Olivenöl
125 ml (⅛ l)	Tomatensaft
125 ml (⅛ l)	Geflügelbrühe
	Salz
2 EL	Zucker
75 g	schwarze Oliven, mit Stein
20 g	Rosinen
40 g	Pistazienkerne (geröstet, gesalzen)
2 l	Wasser
2 gestr. TL	Salz
175 g	Linguine
1	kleine Bio-Orange (unbehandelt, ungewachst)
50 g	Picandou (junger Ziegen-Weichkäse)

Zubereitungszeit: 40 Minuten
Garzeit: Tomatensugo 50–60 Minuten

1. Für die Sauce Tomaten abspülen, abtropfen lassen, kreuzweise einschneiden, kurz in kochendes Wasser legen und in kaltem Wasser abschrecken. Tomaten enthäuten, halbieren, entkernen und die Stängelansätze herausschneiden. Tomatenhälften in etwa 1 ½ cm große Würfel schneiden.

2. Zwiebel und Knoblauch abziehen, jeweils in kleine Würfel schneiden. Minzestängel und Chilischote abspülen und trocken tupfen.

3. Das Olivenöl in einem Topf erhitzen. Zwiebel-, Knoblauchwürfel, 1 Minzestängel und die Chilischote darin unter Rühren kräftig andünsten. Tomatenwürfel unterrühren. Tomatensaft und Brühe hinzugießen, mit Salz und Zucker würzen.

4. Die Zutaten zum Kochen bringen. Tomatensauce 50–60 Minuten bei mittlerer Hitze ohne Deckel einkochen lassen.

5. Oliven vom Stein schneiden und grob hacken. Oliven und Rosinen etwa 15 Minuten vor Ende der Garzeit in die Sauce geben.

6. Pistazienkerne aus der Schale lösen und grob hacken. Von dem restlichen Minzestängel die Blättchen von den Stängeln zupfen. Blättchen klein schneiden.

7. Wasser in einem großen Topf mit geschlossenem Deckel zum Kochen bringen. Dann Salz und Nudeln hinzugeben. Die Nudeln im geöffneten Topf bei mittlerer Hitze nach Packungsanleitung kochen lassen, dabei zwischendurch 4–5-mal umrühren.

8. Anschließend die Nudeln in ein Sieb geben, mit heißem Wasser abspülen und gut abtropfen lassen.

9. Die Orange heiß abwaschen und abtrocknen. Die Nudeln mit der Sauce und der gehackten Minze mischen, kurz erhitzen und in einer Schüssel anrichten. Den Käse zerbröseln und daraufstreuen. Einen Hauch Orangenschale fein darüberreiben. Mit den Pistazienkernen bestreuen.

Nudeln mit Kürbis-Oliven-Sauce
Raffiniert
4 Portionen

Pro Portion: E: 19 g, F: 24 g, Kh: 76 g,
kJ: 2514, kcal: 596, BE: 6,0

1	Hokkaido-Kürbis (etwa 900 g)
250 g	Porree (Lauch)
1–2	Knoblauchzehen
80 g	schwarze Oliven, ohne Stein
30 g	Kürbiskerne
4 l	Wasser
4 gestr. TL	Salz
400 g	Vollkornnudeln, z. B. Dinkel-Penne
2 EL	Speiseöl
250 ml (¼ l)	Gemüsebrühe
	Salz
	frisch gemahlener Pfeffer
	Cayennepfeffer
	gemahlener Koriander
1–2 TL	Zitronensaft
2–3 EL	Kürbiskernöl

Zubereitungszeit: 40 Minuten
Garzeit: Sauce etwa 8 Minuten

1. Kürbis abspülen, abtropfen lassen, halbieren und in Spalten schneiden. Kürbisspalten entkernen und mit der Schale quer in dünne Scheiben schneiden.

2. Porree putzen, die Stangen längs halbieren, gründlich waschen, abtropfen lassen und quer in etwa ½ cm breite Streifen schneiden. Knoblauch abziehen und in dünne Scheiben schneiden.

3. Oliven in einem Sieb abtropfen lassen. Kürbiskerne in einer Pfanne ohne Fett unter Rühren goldbraun rösten, herausnehmen und auf einen Teller geben. Oliven quer dritteln, sodass Ringe entstehen.

4. Wasser in einem großen Topf mit geschlossenem Deckel zum Kochen bringen. Dann Salz und Nudeln hinzugeben. Die Nudeln im geöffneten Topf bei mittlerer Hitze nach Packungsanleitung kochen lassen, dabei zwischendurch 4–5-mal umrühren.

5. In der Zwischenzeit Speiseöl in einem Topf erhitzen. Porreestreifen und Knoblauchscheiben darin andünsten. Brühe und Kürbisscheiben hinzugeben, zum Kochen bringen und zugedeckt etwa 8 Minuten bei mittlerer Hitze dünsten.

6. Anschließend die Nudeln in ein Sieb geben, mit heißem Wasser abspülen und abtropfen lassen.

7. Olivenringe unter die Kürbissauce rühren und aufkochen. Mit Salz, Pfeffer, Cayennepfeffer, Koriander und Zitronensaft abschmecken.

8. Die Nudeln mit der Sauce anrichten, mit Kürbiskernen bestreuen und mit Kürbiskernöl beträufeln.

Tipps: Anstelle von Kürbiskernöl kann auch Nussöl verwendet werden. Oder etwas frisch gehobelten Parmesan-Käse auf die Nudeln streuen. Wer mag, streut außerdem einige fein geschnittene Basilikumblättchen auf die Nudeln.

Ofenkartoffeln mit Linsen- und Petersiliendip

Raffiniert
4 Portionen

Pro Portion: E: 16 g, F: 17 g, Kh: 72 g, kJ: 2166, kcal: 517, BE: 5,5

8	vorwiegend festkochende Kartoffeln (je etwa 200 g)

Für den Linsendip:

3	Zwiebeln (etwa 150 g)
2 EL	Olivenöl
80 g	rote Linsen
125 ml (1/8 l)	Gemüsebrühe
1/2 TL	gemahlener Fenchel

Für den Petersiliendip:

3	Zwiebeln (etwa 150 g)
500 g	Petersilienwurzeln
2 EL	Olivenöl
150 ml	Gemüsebrühe
4 Stängel	glatte Petersilie
1–2 EL	Olivenöl
	Salz
250 g	Rote Bete (gegart, vakuumverpackt)
	frisch gemahlener Pfeffer
1 Msp.	gemahlener Koriander
1–2 TL	Zitronensaft
2 Stängel	glatte Petersilie
2 EL	Schlagsahne
1–2 EL	Zitronensaft
	Zucker

Außerdem:

Backpapier

Zubereitungszeit: 40 Minuten
Backzeit: etwa 30 Minuten

1. Kartoffeln gründlich waschen, in einem Topf, knapp mit Wasser bedeckt zum Kochen bringen und zugedeckt etwa 25 Minuten bei mittlerer Hitze vorgaren.

2. Für den Linsendip in der Zwischenzeit Zwiebeln abziehen und klein würfeln. Olivenöl in einem kleinen Topf erhitzen. Zwiebelwürfel darin andünsten.

3. Linsen, Brühe und Fenchel hinzugeben, zum Kochen bringen. Linsen zugedeckt etwa 15 Minuten bei schwacher Hitze dünsten, bis sie zerfallen. Abkühlen lassen.

4. Den Backofen vorheizen.
Ober-/Unterhitze: etwa 200 °C
Heißluft: etwa 180 °C

5. Für den Petersiliendip Zwiebeln abziehen und in kleine Würfel schneiden. Petersilienwurzeln schälen, abspülen, abtropfen lassen und in dünne Scheiben schneiden.

6. Olivenöl in einem Topf erhitzen. Zwiebelwürfel und Petersilienscheiben darin andünsten. Die Gemüsebrühe hinzugeben und zum Kochen bringen. Petersiliengemüse zugedeckt etwa 20 Minuten bei schwacher Hitze garen.

7. Die garen Kartoffeln abgießen, mit kaltem Wasser abspülen und abtropfen lassen. Kartoffeln pellen.

8. Petersilie abspülen und trocken tupfen. Die Blättchen von den Stängeln zupfen.

9. Acht Bögen Backpapier (je etwa 21 x 38 cm) ausschneiden. Olivenöl in eine Schüssel geben und mit Salz würzen. Kartoffeln in dem Öl schwenken.

10. Die Kartoffeln einzeln auf je 1 Bogen Backpapier legen, mit einigen Petersilienblättchen belegen und in Form eines Bonbons einwickeln, dabei die Papierenden zusammendrehen.

11. Eingewickelte Kartoffeln auf ein Backblech legen. Das Backblech in den vorgeheizten Backofen schieben. Kartoffeln **etwa 30 Minuten backen.**

12. In der Zwischenzeit rote Bete für den Linsendip in sehr kleine Würfel schneiden. Linsen mit einer Gabel fein zerdrücken, Rote-Bete-Würfel unterrühren. Mit Salz, Pfeffer, Koriander und Zitronensaft würzen.

13. Petersilie abspülen und trocken tupfen. Die Blättchen von den Stängeln zupfen. Blättchen klein schneiden. Gegartes Petersiliengemüse pürieren, etwas abkühlen lassen, Sahne unterrühren. Petersiliendip mit Salz, Zitronensaft und Zucker abschmecken.

14. Die heißen Ofenkartoffeln mit den Dips servieren.

Tipps: Zusätzlich geröstete Kürbiskerne oder Sonnenblumenkerne zu den Kartoffeln servieren. Oder einen Blattsalat mit gemischten Sprossen und Essig-Öl-Sauce dazureichen. Die Kartoffeln können bereits am Vortag gekocht, gepellt und verpackt bis zum Gebrauch im Kühlschrank aufbewahrt werden. Die Backzeit verlängert sich dann um etwa 5 Minuten. Auch die Dips lassen sich gut einen Tag vor dem Servieren zubereiten. Sie können ebenfalls zugedeckt im Kühlschrank aufbewahrt werden. Petersilienwurzeln sind von Ende September bis Anfang April im Handel. Sie sind weiß und schmecken intensiv nach Petersilie.

Panzanella
Etwas Besonderes
2 Portionen

Pro Portion: E: 10 g, F: 32 g, Kh: 29 g, kJ: 1894, kcal: 451, BE: 2,0

1	Bio-Zitrone (unbehandelt, ungewachst)
2–3 Stängel	Basilikum
50 g	Rucola (Rauke)
1	Knoblauchzehe
5 EL	Olivenöl
	Meersalz
	frisch gemahlener, schwarzer Pfeffer
75 g	Ciabatta
100 g	grüne Bohnen
	Salz
12	Cocktailtomaten
½	rote Paprikaschote
6–8	Kalamata-Oliven
20 g	Parmesan-Käse

Zubereitungszeit: 40 Minuten

1. Zitrone heiß abwaschen und abtrocknen. Die Hälfte der Zitronenschale fein abreiben. Zitrone halbieren und den Saft auspressen. 3 Esslöffel Saft abmessen und beiseitestellen.

2. Basilikum abspülen und trocken tupfen. Die Blättchen von den Stängeln zupfen. Rucola putzen und die harten Stiele entfernen. Rucola abspülen und abtropfen lassen.

3. Je ein Drittel des Rucolas und der Basilikumblättchen grob hacken. Restlichen Rucola und Basilikumblättchen zugedeckt kalt stellen. Knoblauch abziehen und grob zerkleinern.

4. Den Backofengrill vorheizen.

5. Gehackten Rucola und Basilikum mit Knoblauch, 4 Esslöffeln des Olivenöls, 2 Esslöffeln Wasser und Meersalz im Blitzhacker fein pürieren. Zitronenschale und grob gemahlenen Pfeffer untermischen.

6. Ciabatta in sehr dünne Scheiben schneiden. Die Brotscheiben nebeneinander auf ein Backblech legen. Das Backblech unter den vorgeheizten Backofengrill schieben. Die Brotscheiben von beiden Seiten goldbraun rösten.

7. Von den Bohnen die Enden abschneiden. Bohnen evtl. abfädeln, abspülen und abtropfen lassen. Die Bohnen in kochendem Salzwasser etwa 8 Minuten garen. Anschließend die Bohnen in ein Sieb geben, mit kaltem Wasser abspülen und gut abtropfen lassen.

8. Tomaten abspülen, trocken tupfen, halbieren und evtl. die Stängelansätze herausschneiden. Tomatenhälften in kleine Stücke schneiden. Paprikaschotenhälfte entstielen, entkernen und die weißen Scheidewände entfernen. Schotenhälfte abspülen, abtropfen lassen und in dünne Streifen schneiden.

9. Restliches Olivenöl in einer weiten Pfanne erhitzen. Die Paprikastreifen darin etwa 1 Minute bei starker Hitze unter Rühren braten. Die Bohnen, Oliven und Tomatenstücke hinzugeben, unter Rühren etwa 1 Minute mitgaren lassen.

10. Beiseitegestellten Zitronensaft unter das Kräuteröl (Püree) rühren. Die kalt gestellten Basilikumblättchen, Rucola, die warme Bohnen-Paprika-Mischung und die gerösteten Brotscheiben locker mit dem Kräuteröl mischen, evtl. nachwürzen.

11. Den Salat in einer Schale anrichten. Parmesan-Käse dünn hobeln. Panzanella damit bestreuen.

Pasta mit Gorgonzola-Möhren-Sauce

Einfach
4 Portionen

Pro Portion: E: 24 g, F: 23 g, Kh: 86 g, kJ: 2771, kcal: 665, BE: 7,0

5 l	Wasser
5 gestr. TL	Salz
500 g	Nudeln, z. B. Spirelli, Penne

Für die Gorgonzola-Möhren-Sauce:

1	Knoblauchzehe
1	Zwiebel
300 g	Möhren
1 EL	Speiseöl
	Salz
	frisch gemahlener Pfeffer
½ TL	gerebelter Thymian
½ TL	Instant-Gemüsebrühe
200 g	Schlagsahne oder 200 ml Milch
150 g	passierte Tomaten (aus Dose oder Tetra Pak®)
150 g	milder Gorgonzola-Käse
½ Bund	frisches Basilikum

Zubereitungszeit: 15 Minuten
Garzeit: etwa 15 Minuten

1. Wasser in einem großen Topf mit geschlossenem Deckel zum Kochen bringen. Dann Salz und Nudeln hinzugeben. Die Nudeln im geöffneten Topf bei mittlerer Hitze nach Packungsanleitung kochen lassen, dabei zwischendurch 4–5-mal umrühren.

2. Anschließend die Nudeln in ein Sieb geben, mit heißem Wasser abspülen und abtropfen lassen.

3. Für die Sauce in der Zwischenzeit Knoblauch und Zwiebel abziehen, klein würfeln. Möhren putzen, schälen, abspülen, abtropfen lassen und würfeln. Speiseöl in einem Topf erhitzen. Knoblauch- und Zwiebelwürfel darin glasig dünsten. Die Möhrenwürfel hinzugeben und mitdünsten lassen. Mit Salz, Pfeffer, Thymian und Brühe würzen. Sahne oder Milch hinzugießen, zum Kochen bringen und zugedeckt etwa 10 Minuten bei schwacher Hitze kochen lassen. Tomaten hinzugeben, wieder zum Kochen bringen und weitere etwa 5 Minuten unter gelegentlichem Rühren kochen.

4. Den Käse entrinden und in kleine Würfel schneiden. Basilikum abspülen und trocken tupfen. Die Blättchen von den Stängeln zupfen (einige Blättchen beiseitelegen). Blättchen in Streifen schneiden, zu der Möhren-Tomaten-Masse geben und pürieren (Achtung, kann spritzen!). Käsewürfel hinzugeben und unter Rühren schmelzen. Sauce nicht mehr kochen lassen. Mit Salz und Pfeffer abschmecken.

5. Die Nudeln mit der Sauce mischen, evtl. etwas Nudel-Kochwasser unterrühren, unter vorsichtigem Rühren nochmals kurz erhitzen. Mit beiseitegelegten Basilikumblättchen garnieren.

Penne all'arrabbiata

Klassisch
4 Portionen

Pro Portion: E: 14 g, F: 13 g, Kh: 49 g, kJ: 1564, kcal: 374, BE: 4,0

2 ½ l	Wasser
2 ½ gestr. TL	Salz
250 g	Penne (Röhrennudeln)

Für die Sauce:

4	Schalotten
2	Knoblauchzehen
2	rote Chilischoten
40 g	Butter
1 TL	Tomatenmark
500 ml (½ l)	Tomatensaft
	Salz, frisch gemahlener Pfeffer
50 g	frisch geriebener Parmesan-Käse
1 EL	grob geschnittene Basilikumblättchen

Zubereitungszeit: 30 Minuten

1. Wasser in einem großen Topf mit geschlossenem Deckel zum Kochen bringen. Dann Salz und Nudeln zugeben. Die Nudeln im geöffneten Topf bei mittlerer Hitze nach Packungsanleitung kochen lassen, dabei zwischendurch 4–5-mal umrühren.

2. Anschließend die Nudeln in ein Sieb geben, mit heißem Wasser abspülen und abtropfen lassen.

3. Für die Sauce Schalotten und Knoblauch abziehen, klein schneiden. Chilischoten abspülen, trocken tupfen, halbieren, entkernen und in sehr kleine Würfel schneiden.

4. Butter in einem Topf zerlassen. Schalotten- und Knoblauchstückchen darin glasig dünsten. Tomatenmark und Chiliwürfel kurz mit anrösten. Tomatensaft hinzugießen, zum Kochen bringen und auf ein Drittel einkochen lassen. Die Sauce durch ein feines Sieb passieren. Mit Salz und Pfeffer abschmecken.

5. Die Nudeln in die heiße Tomatensauce geben, gut unterrühren und in Schalen oder auf Tellern anrichten. Mit Parmesan-Käse und Petersilienblättchen bestreut servieren.

Pizza-Risotto mit Mozzarella- und Tomatenstückchen
Raffiniert
4 Portionen

Pro Portion: E: 17 g, F: 20 g, Kh: 61 g, kJ: 2072, kcal: 495, BE: 5,0

1	Knoblauchzehe
1	Zwiebel
2 EL	Butter oder Margarine
1–2 TL	Pizzagewürz (fertige Gewürz-mischung aus dem Supermarkt) oder je 1 Prise gerebelter Oregano, Thymian und Rosmarin
300 g	Risotto-Reis
etwa 1 l	heiße Gemüsebrühe
125 g	Mozzarella-Käse
2	mittelgroße Tomaten
50 g	frisch geriebener Parmesan-Käse
	Salz, frisch gemahlener Pfeffer
evtl. etwas	frisches Basilikum

Zubereitungszeit: 15 Minuten
Garzeit: etwa 25 Minuten

1. Knoblauch und Zwiebel abziehen, in sehr kleine Würfel schneiden. Butter oder Margarine in einem Topf zerlassen. Zwiebel- und Knoblauchwürfel darin glasig dünsten. Pizzagewürz hinzufügen und kurz mit andünsten.

2. Reis hinzugeben und unter Rühren glasig dünsten. Etwas von der heißen Brühe hinzugießen. Die Brühe unter Rühren von dem Reis aufnehmen lassen. Nach und nach die gesamte heiße Brühe hinzugießen, so-dass der Reis stets gerade mit der Brühe bedeckt ist. Den Reis etwa 25 Minuten bei schwacher Hitze ausquellen lassen.

3. In der Zwischenzeit Mozzarella abtropfen lassen und in kleine Würfel schneiden. Tomaten abspülen, trocken tupfen, halbieren und die Stängelansätze herausschneiden. Tomatenhälften in kleine Würfel schneiden.

4. Zwei Esslöffel des Parmesan-Käses, die Tomaten- und Mozzarellawürfel unter den Risotto-Reis heben. Risotto-Reis mit Salz, Pfeffer und evtl. noch etwas Pizzagewürz abschmecken.

5. Nach Belieben Basilikum abspülen und trocken tupfen. Die Blättchen von den Stängeln zupfen.

6. Pizza-Risotto mit restlichem Parmesan-Käse und Basilikumblättchen anrichten.

Radieschensuppe
Schnell – raffiniert
2 Portionen

Pro Portion: E: 3 g, F: 9 g, Kh: 6 g,
kJ: 512, kcal: 122, BE: 0,0

2	Schalotten
2 Bund	Radieschen (je 250–300 g)
1 EL	Butter
500 ml (½ l)	Gemüsebrühe
	Salz
etwas	frisch gemahlener, weißer Pfeffer
etwa 2 EL	frisch gepresster Zitronensaft
4–6 Tropfen	Worcestersauce

Zubereitungszeit: 30 Minuten
Garzeit: etwa 20 Minuten

1. Schalotten abziehen und in kleine Würfel schneiden. Von den Radieschen die Wurzelenden und das Grün entfernen. Radieschen abspülen, trocken tupfen und in kleine Würfel schneiden (etwas Radieschengrün und einige Radieschenwürfel zum Garnieren beiseitelegen).

2. Butter in einem Topf zerlassen. Schalottenwürfel darin goldgelb andünsten. Radieschenwürfel hinzufügen und kurz mitdünsten lassen. Gemüsebrühe hinzugießen und zum Kochen bringen. Die Suppe zugedeckt etwa 20 Minuten bei mittlerer Hitze kochen lassen, dabei gelegentlich umrühren. Anschließend die Suppe mit einem Stabmixer fein pürieren.

3. Beiseitegelegtes Radieschengrün abspülen, trocken tupfen und in feine Streifen schneiden. Die Suppe evtl. nochmals erwärmen. Mit Salz, Pfeffer, Zitronensaft und Worcestersauce abschmecken. Radieschensuppe mit beiseitegelegten Radieschenwürfeln und Radieschengrünstreifen garnieren, heiß servieren.

Beilage: Baguettebrot.

Rahmspinat mit gebackenem Ei
Raffiniert
4 Portionen

Pro Portion: E: 26 g, F: 47 g, Kh: 30 g, kJ: 2774, kcal: 662, BE: 2,5

700 g	Spinat (vorbereitet gewogen etwa 400 g)
	Salz
2	Schalotten
80 g	Butter
40 g	Weizenmehl
400 ml	Milch
1 EL	geriebener Gemüsemeerrettich (aus dem Glas)
	frisch geriebene Muskatnuss
10	Eier (Größe M)
120 g	Semmelbrösel
1 EL	frisch geriebener Parmesan-Käse
etwas	Weizenmehl
200–400 g	Pflanzenfett zum Frittieren (je nach Topfgröße)
1 EL	Crème fraîche

Zubereitungszeit: 40 Minuten

1. Spinat verlesen, Wurzelenden und dicke Stängel entfernen. Spinat gründlich waschen, abtropfen lassen und in etwas kochendem Salzwasser kurz blanchieren, bis er zusammengefallen ist. Spinat in eiskaltes Wasser geben, in einem Sieb abtropfen lassen und klein schneiden.

2. Schalotten abziehen und in kleine Würfel schneiden. Butter in einem Topf zerlassen. Schalottenwürfel darin andünsten. Mehl hinzufügen und unter Rühren so lange darin erhitzen, bis es hellgelb ist. Nach und nach die Milch hinzugießen, mit einem Schneebesen durchschlagen. Darauf achten, dass keine Klümpchen entstehen. Die Sauce unter ständigem Rühren einmal aufkochen lassen. Meerrettich unterrühren. Mit Salz und Muskat kräftig abschmecken. Spinat unterrühren und warm stellen.

3. Acht Eier in kochendes Wasser legen und 3–4 Minuten kochen lassen (Eigelb sollte noch weich sein). Eier in kaltem Wasser abschrecken, abkühlen lassen und vorsichtig pellen.

4. Restliche Eier in einem Teller verschlagen. Semmelbrösel mit Parmesan-Käse mischen. Eier zuerst in Mehl wenden, dann durch die verschlagenen Eier ziehen und zuletzt in der Semmelbrösel-Käse-Mischung wenden. Eier nochmals wie zuvor beschrieben durch die verschlagenen Eier ziehen und in der Semmelbrösel-Käse-Mischung wenden. Panade gut andrücken.

5. Pflanzenfett in einem Topf oder in einer Fritteuse auf etwa 180 °C erhitzen. Die Eier darin in 2 Portionen goldbraun ausbacken und mit einer Schaumkelle herausnehmen.

6. Crème fraîche unter den Spinat rühren. Spinat auf Tellern anrichten. Die ausgebackenen Eier daraufsetzen und sofort servieren.

Ratatouille

Etwas Besonderes
2–3 Portionen als Beilage

Pro Portion: E: 4 g, F: 19 g, Kh: 10 g, kJ: 937, kcal: 223, BE: 0,0

1	Tomate
1	gelbe Paprikaschote
1	Zucchini
1	kleine Aubergine
1 Zweig	Rosmarin
4–5 EL	Olivenöl
2	Knoblauchzehen
	Salz, frisch gemahlener Pfeffer
etwas	Balsamico-Essig

Zubereitungszeit: 25 Minuten

1. Die Tomate abspülen und trocken tupfen. Tomate vierteln, entkernen und den Stängelansatz herausschneiden. Tomatenviertel nochmals quer oder längs halbieren. Die Paprikaschote mit einem Sparschäler grob schälen, vierteln, entkernen und die weißen Scheidewände entfernen. Schotenviertel abspülen, trocken tupfen und in Größe der Tomatenstücke schneiden.

2. Zucchini und Aubergine abspülen, trocken tupfen und die Enden bzw. Stängelansatz abschneiden. Die Zucchini in etwa 5 mm dicke Scheiben schneiden. Aubergine der Länge nach vierteln und in etwa 5 mm dicke Stücke schneiden. Rosmarin abspülen und trocken tupfen. Die Nadeln von dem Stängel zupfen.

3. Die vorbereiteten Tomatenstücke in eine große Schüssel geben. (Sie werden nicht angebraten, sondern sollen durch das daraufgegebene, angebratene Gemüse nur etwas Hitze abbekommen.)

4. Einen Esslöffel des Olivenöls in einer Pfanne erhitzen. Paprikastücke darin mit 1 nicht geschälten, angedrückten Knoblauchzehe etwa 1 Minute scharf anbraten. Mit Salz und Pfeffer würzen und danach mit 1 Spritzer Balsamico-Essig ablöschen. Die Paprikastücke zusammen mit der Knoblauchzehe auf den Tomatenstücken in der Schüssel verteilen.

5. Wieder 1 Esslöffel des Olivenöls in der Pfanne erhitzen. Zucchinischeiben darin mit der restlichen, nicht geschälten, angedrückten Knoblauchzehe etwa 1 Minute scharf anbraten. Mit Salz, Pfeffer und Balsamico-Essig würzen. Zucchinischeiben und die Knoblauchzehe herausnehmen, auf die Paprikastücke geben.

6. Restliches Olivenöl in der Pfanne erhitzen. Auberginenstücke darin 3–4 Minuten anbraten. Mit Salz, Pfeffer und Balsamico-Essig würzen. Rosmarinnadeln unterrühren. Die Auberginenstücke auf die Zucchinischeiben geben. Das angebratene, geschichtete Gemüse vermischen. Mit Salz, Pfeffer und Balsamico-Essig abschmecken. Ratatouille noch warm servieren.

Tipps: Ratatouille muss nicht heiß gegessen werden, sondern ist lauwarm oder kalt ebenfalls sehr lecker. Zusätzlich ein paar Basilikumblättchen untermischen. Sollte etwas von dem Ratatouille übrig bleiben, einfach kalt stellen und bei nächster Gelegenheit/am nächsten Tag gut klein hacken und als Topping auf Crostinis geben. Rezeptmenge als Topping für 15–20 Crostinis. Oder, grob gehackt auf gerösteten Baguettescheiben mit etwas frisch geriebenem Parmesan-Käse als kleiner Appetizer. Oder in flachen Portionsförmchen mit Schaf- oder Ziegenkäse überbacken.

Ratatouille-Suppe
Klassisch
2 Portionen

Pro Portion: E: 17 g, F: 29 g, Kh: 13 g, kJ: 1610, kcal: 384, BE: 0,5

50 g	rote Zwiebeln
1	Knoblauchzehe
je ½	rote und gelbe Paprikaschote
100 g	Auberginen
100 g	Zucchini
2 EL	Olivenöl
1 EL	Tomatenmark
500 ml (½ l)	Gemüsebrühe (evtl. gekörnte Bio-Brühe)
	Salz, Cayennepfeffer
75 g	Cocktailtomaten
je 1 Stängel	Minze, Basilikum und Petersilie
30 g	schwarze Oliven, ohne Stein
	etwas abgeriebene Schale von
1	Bio-Zitrone (unbehandelt, ungewachst)
75 g	frisch geriebener Parmesan-Käse

Zubereitungszeit: 30 Minuten
Garzeit: etwa 12 Minuten

1. Zwiebeln und Knoblauch abziehen. Zwiebeln in kleine Würfel schneiden. Knoblauch grob würfeln. Paprikaschotenhälften entstielen, entkernen und die weißen Scheidewände entfernen. Schotenhälften abspülen und abtropfen lassen. Aubergine und Zucchini abspülen, abtrocknen und die Stängelansätze bzw. Enden abschneiden. Die vorbereiteten Gemüsezutaten in etwa 1 cm große Stücke schneiden.

2. Olivenöl in einem Topf erhitzen. Zwiebel-, Knoblauchwürfel, Auberginen- und Paprikastücke darin kräftig unter Rühren andünsten. Tomatenmark unterrühren und kurz mitrösten. Brühe hinzugießen und zum Kochen bringen. Mit Salz und Cayennepfeffer würzen. Das Gemüse etwa 12 Minuten ohne Deckel kochen lassen.

3. In der Zwischenzeit Tomaten abspülen, abtropfen lassen und die Stängelansätze herausschneiden. Die Tomaten vierteln. Kräuterstängel abspülen und trocken tupfen. Die Blättchen von den Stängeln zupfen. Blättchen grob zerschneiden.

4. Zucchinistücke, Tomatenviertel und Oliven nach etwa 9 Minuten Garzeit in die Suppe geben und mitgaren lassen. Zuletzt Zitronenschale und Kräuter hinzugeben. Den Topf von der Kochstelle nehmen.

5. Ratatouille-Suppe anrichten. Parmesan-Käse dazureichen.

Beilage: Ofenfrisches Baguette.

Reis-Gemüse-Auflauf
Raffiniert
2 Portionen

Pro Portion: E: 25 g, F: 47 g, Kh: 67 g, kJ: 3331, kcal: 796, BE: 5,5

1 EL	Speiseöl, z. B. Sonnenblumenöl
125 g	Basmati- oder Langkornreis
1 EL	Currypulver
250 ml (¼ l)	Gemüsebrühe
150 g	Möhren
20 g	Butter oder Margarine
150 g	TK-Erbsen
	Salz, frisch gemahlener Pfeffer
1 Prise	Zucker
1	Ei (Größe M)
100 g	Schlagsahne
	frisch geriebene Muskatnuss
75 g	mittelalter Gouda-Käse

Zubereitungszeit: 25 Minuten
Garzeit: etwa 25 Minuten

1. Speiseöl in einem Topf erhitzen. Reis hinzugeben und unter Rühren glasig dünsten. Mit Curry bestreuen und kurz mit andünsten. Brühe hinzugießen und zum Kochen bringen. Den Reis zugedeckt 10–12 Minuten bei schwacher Hitze nach Packungsanleitung ausquellen lassen.

2. Den Backofen vorheizen.
Ober-/Unterhitze: etwa 180 °C
Heißluft: etwa 160 °C

3. In der Zwischenzeit Möhren putzen, schälen, abspülen, abtropfen lassen, in kleine Würfel schneiden.

4. Butter oder Margarine in einem Topf zerlassen. Die Möhrenwürfel darin 2–3 Minuten unter Rühren andünsten. Gefrorene Erbsen hinzugeben und 2–3 Minuten mitdünsten lassen. Mit Salz, Pfeffer und Zucker würzen.

5. Das Ei mit Sahne verschlagen, mit Salz, Pfeffer und Muskat würzen. Gouda-Käse fein reiben und mit der Eiersahne verrühren.

6. Den garen Reis mit dem Gemüse vermengen und in eine flache Auflaufform (gefettet) geben. Die Eier-Käse-Sahne darauf verteilen. Die Form auf dem Rost in den vorgeheizten Backofen schieben. Den Reis-Gemüse-Auflauf **etwa 25 Minuten garen.**

Beilage: Eisberg-Camembert-Salat mit Joghurt-Senf-Dressing (2 Portionen). Dafür 1 Esslöffel gehackte Haselnusskerne in einer Pfanne ohne Fett rösten, herausnehmen und auf einem Teller erkalten lassen. Für die Sauce 75 g Joghurt mit 1 Esslöffel frisch gepresstem Zitronensaft und ½–1 Teelöffel mildem Senf verrühren. ½–1 Esslöffel Walnussöl unterschlagen. Mit Salz und Pfeffer abschmecken. Für den Salat von ½ Kopf Eisbergsalat die äußeren, welken Blätter entfernen. Eisbergsalat je nach Größe halbieren oder vierteln, in mundgerechte Stücke schneiden, abspülen und trocken tupfen. 1 mittelgroße Möhre putzen, schälen, abspülen, abtropfen lassen und in feine Streifen schneiden oder grob raspeln. 4 Champignons putzen, mit Küchenpapier abreiben, evtl. kurz abspülen, trocken tupfen und in Scheiben schneiden. 150 g Camembert halbieren und in Scheiben schneiden. ½ Kästchen Kresse abspülen, trocken tupfen und abschneiden. Eisbergsalat vorsichtig mit Möhrenstreifen, Champignon- und Käsescheiben vermengen. Joghurt-Senf-Dressing darauf verteilen. Salat mit den Haselnusskernen und der Kresse bestreut servieren.

Rhabarber-Ofenschlupfer

Mit Alkohol
4 Portionen

Pro Portion: E: 20 g, F: 41 g, Kh: 84 g, kJ: 3411, kcal: 815, BE: 7,0

300 g	Brioche oder Hefezopf
250 g	Rhabarber
120 g	Zucker
50 g	Rosinen oder Korinthen
5 cl	Rum
50 g	gehobelte Mandeln
1	Dr. Oetker Bourbon Vanilleschote
4	Eier (Größe M)
200 g	Schlagsahne
300 ml	Milch
½ TL	gemahlener Zimt
1 Prise	Salz

Zubereitungszeit: 20 Minuten, ohne Trockenzeit
Backzeit: etwa 20 Minuten

1. Brioche oder Hefezopf in etwa 1 cm große Würfel schneiden und über Nacht (z. B. auf einem Backblech ausgebreitet) trocknen lassen.

2. Rhabarber abziehen, abspülen, abtropfen lassen, Stielenden und Blattansätze entfernen. Die Stangen in kleine Stücke schneiden und in eine Schüssel geben, Zucker untermischen.

3. Die Rosinen oder Korinthen mit Rum in einen Topf geben und kurz aufkochen lassen. Den Topf von der Kochstelle nehmen.

4. Mandeln in einer Pfanne ohne Fett unter Rühren leicht bräunen, herausnehmen und auf einen Teller legen.

5. Die Vanilleschote der Länge nach halbieren und das Mark herauskratzen.

6. Den Backofen vorheizen.
Ober-/Unterhitze: etwa 200 °C
Heißluft: etwa 180 °C

Gleichzeitig eine Fettpfanne etwa 1 cm hoch mit Wasser füllen und im unteren Drittel in den Backofen schieben.

7. Eier mit Sahne und Milch verschlagen. Vanillemark unterrühren. Die Eiersahne mit Zimt und Salz würzen.

8. Die Brioche- oder Hefezopfwürfel, Rhabarberstücke und Rumrosinen oder -korinthen vermischen und in eine Auflaufform (etwa 25 x 30 cm, gefettet, mit Semmelbröseln ausgestreut) füllen. Die Eiersahne gleichmäßig über die vorbereitete Masse gießen. Mit den gebräunten Mandeln bestreuen.

9. Die Form in das erwärmte Wasser der Fettpfanne stellen und in den vorgeheizten Backofen schieben. Ofenschlupfer **etwa 20 Minuten backen.**

Tipps: Servieren Sie zum Schlupfer eine Vanillesauce. Sollte keine Rhabarberzeit sein, können Sie auch frische Beeren oder frisches Steinobst verwenden.

Römersalat mit Zucchini und gebratenen Mozzarella-Streifen

Für Gäste
2 Portionen

Pro Portion: E: 25 g, F: 73 g, Kh: 19 g, kJ: 3472, kcal: 833, BE: 1,5

Für den Salat:
- 250 g Zucchini
- Salz
- 75 g Staudensellerie
- 1 rote Paprikaschote
- ½ Kopf Römersalat
- 1–2 EL Olivenöl
- frisch gemahlener Pfeffer
- gemahlener Kreuzkümmel (Cumin)

Für die Sauce:
- 2 EL Rotweinessig
- 3–4 EL Olivenöl

Für die Mozzarella-Sticks:
- 125 g Mozzarella-Käse
- 1 Eiweiß (Größe M)
- 1 geh. EL Weizenmehl
- je 25 g helle, geschälte und dunkle Sesamsamen
- 3 EL Speiseöl

Zubereitungszeit: 30 Minuten

1. Für den Salat Zucchini abspülen, abtropfen lassen und die Enden abschneiden. Zucchini in Scheiben schneiden. Zucchinischeiben mit etwa ½ Teelöffel Salz bestreuen und etwa 10 Minuten ziehen lassen.

2. In der Zwischenzeit Staudensellerie putzen und die harten Außenfäden abziehen. Sellerie abspülen, abtropfen lassen und in Scheiben schneiden. Paprikaschote halbieren, entstielen, entkernen und die weißen Scheidewände entfernen. Schotenhälften abspülen, abtropfen lassen und in Streifen schneiden. Von dem Römersalat die äußeren, welken Blätter entfernen, Salat halbieren und den Strunk herausschneiden. Salathälften abspülen, trocken tupfen und in breite Streifen schneiden.

3. Zucchinischeiben trocken tupfen. Olivenöl in einer großen Pfanne erhitzen. Zucchinischeiben darin unter gelegentlichem Wenden anbraten. Paprikastreifen hinzugeben und kurz mit andünsten. Zucchinischeiben, Paprikastreifen und Staudenselleriescheiben in eine Schüssel geben, mit Pfeffer und etwas Kreuzkümmel (Cumin) würzen.

4. Für die Sauce Essig mit Salz und Pfeffer verrühren. Olivenöl unterschlagen. Das vorbereitete Gemüse mit der Sauce vermengen.

5. Für die Mozzarella-Sticks Mozzarella abtropfen lassen und in dicke Streifen schneiden. Eiweiß mit Salz verschlagen. Mehl, helle und dunkle Sesamsamen jeweils getrennt in einen tiefen Teller geben. Mozzarella-Streifen zuerst in Mehl wenden, danach durch das verschlagene Eiweiß ziehen und zuletzt in den hellem oder dunklem Sesam wenden. Panade leicht andrücken.

6. Speiseöl in einer großen Pfanne erhitzen. Die Mozzarella-Streifen darin etwa 2 Minuten von jeder Seite bei mittlerer Hitze braten. Mozzarella-Streifen aus der Pfanne nehmen und auf Küchenpapier abtropfen lassen. Römersalatstreifen mit dem Salat in der Schüssel vermischen, auf Tellern anrichten. Die Mozzarella-Sticks darauf verteilen.

Rote Linsensuppe
Etwas Besonderes
10 Portionen

Pro Portion: E: 8 g, F: 14 g, Kh: 15 g,
kJ: 896, kcal: 214, BE: 1,0

1 Bund	Suppengrün (Sellerie, Möhren, Porree)
2	Zwiebeln
3 EL	Speiseöl
je 1 TL	Kreuzkümmel, Koriander, Ingwer (gemahlen)
3 l	Gemüsebrühe
	Salz, Zucker
200 g	rote Linsen
400 ml	Kokosmilch
10	Kaffirblätter (Limettenblätter)
3 EL	Sesamöl

Zubereitungszeit: 30 Minuten
Garzeit: 30 Minuten

1. Das Suppengrün putzen, schälen, abspülen, abtropfen lassen und in kleine Stücke schneiden. Zwiebeln abziehen und in grobe Würfel schneiden.

2. Das Speiseöl in einem großen Topf erhitzen. Die Gewürze hinzugeben und unter Rühren aufschäumen lassen. Das vorbereitete Suppengrün und die Zwiebelwürfel hinzugeben, unter Rühren andünsten.

3. Die Gemüsebrühe hinzugießen und zum Kochen bringen. Mit Salz und 1 Prise Zucker würzen. Das Gemüse in etwa 20 Minuten bei schwacher Hitze weich kochen.

4. Die Hälfte der roten Linsen und Kokosmilch hinzugeben, wieder zum Kochen bringen und weitere etwa 10 Minuten kochen lassen. Den Topf von der Kochstelle nehmen. Die Suppe mit einem Stabmixer fein pürieren.

5. Wasser in einem Topf zum Kochen bringen. Die restlichen roten Linsen darin etwa 2 Minuten bissfest kochen. Linsen in ein Sieb geben, mit kaltem Wasser abspülen, abtropfen lassen und in die Suppe geben.

6. Die Kaffir-Zitronenblätter abspülen, trocken tupfen und in die Suppe geben. Mit Salz und 1 Prise Zucker abschmecken. Suppe evtl. nochmals kurz erwärmen.

7. Die Suppe mit Sesamöl beträufeln und servieren.

Salattorte mit Schafkäse
Gut vorzubereiten
12 Portionen

Pro Portion: E: 16 g, F: 16 g, Kh: 10 g, kJ: 1057, kcal: 253, BE: 0,5

3	Mini-Romana-Salate (je etwa 150 g)
2	Zucchini (etwa 400 g)
½ Bund	Basilikum
500 g	Tomaten
2 Bund	Frühlingszwiebeln
250 g	Lachsschinken, in dünnen Scheiben
5	hart gekochte Eier
300 g	Möhren
70 g	Rucola (Rauke)
400 g	Schafkäse

Für die Salatsauce:

400 g	Zaziki (aus dem Kühlregal)
250 g	Joghurt (10 % Fett)
	Salz
	frisch gemahlener Pfeffer
¼ TL	Paprikapulver rosenscharf

Zum Garnieren:

8	Cocktailtomaten
16 Scheiben	Salatgurke
½ Bund	Schnittlauch

Zubereitungszeit: 50 Minuten, ohne Durchziehzeit

1. Romana-Salate putzen, halbieren, abspülen, trocken schleudern oder -tupfen, in grobe Streifen schneiden. Die Zucchini abspülen, abtrocknen und die Enden abschneiden. Zucchini in dünne Scheiben schneiden. Basilikum abspülen und trocken tupfen. Die Blättchen von den Stängeln zupfen. Tomaten abspülen, trocken tupfen, halbieren und die Stängelansätze herausschneiden. Tomatenhälften in dünne Scheiben schneiden. Frühlingszwiebeln putzen, abspülen, abtropfen lassen und in feine Ringe schneiden.

2. Lachsschinken in Streifen schneiden. Eier pellen und in dünne Scheiben schneiden. Möhren putzen, schälen, abspülen, abtropfen lassen und fein raspeln. Rucola verlesen, die Stängel abschneiden. Rucolablätter abspülen, trocken schleudern oder -tupfen, in kleine Stücke schneiden. Schafkäse zerbröseln.

3. Nacheinander Romana-Salat, Zucchinischeiben, Basilikumblättchen, Tomaten-, Frühlingszwiebelringe, Schinkenstreifen, Eierscheiben, Rucola und den Schafkäse in eine Springform (Ø 28 cm, mit Backpapier belegt) schichten, dabei jede Lage etwas andrücken. Die Salattorte mit Frischhaltefolie zugedeckt im Kühlschrank 12–24 Stunden durchziehen lassen.

4. Für die Salatsauce Zaziki mit Joghurt verrühren. Mit Salz, Pfeffer und Paprika würzen.

5. Den Springformrand vorsichtig lösen. Die Torte mit dem Backpapier auf eine Platte ziehen. Das Backpapier mit einer Schere rundherum abschneiden.

6. Zum Garnieren die Tomaten abspülen, abtrocknen, halbieren und die Stängelansätze herausschneiden. Die Gurkenscheiben gleichmäßig auf dem Tortenoberflächenrand verteilen. Jeweils eine Tomatenhälfte auf die Gurkenscheiben legen. Schnittlauch abspülen und trocken tupfen. Die Tortenoberfläche mit den Schnittlauchhalmen garnieren.

7. Die Salattorte mit einem elektrischen Messer oder Sägemesser in Tortenstücke schneiden. Die Salatsauce zu der Salattorte reichen.

Sauerkraut-Feigen-Salat
Fruchtig – schnell
6 Portionen

Pro Portion: E: 4 g, F: 11 g, Kh: 26 g, kJ: 981, kcal: 235, BE: 2,0

600 g	Sauerkraut
150 g	getrocknete Feigen
250 g	Ananas-Fruchtfleisch
200 g	Schlagsahne
1–2 EL	flüssiger Honig
	gemahlener Zimt
	gemahlene Nelken
½ TL	Dr. Oetker Finesse Geriebene Zitronenschale

Zubereitungszeit: 30 Minuten

1. Sauerkraut mit einer Gabel auseinanderzupfen und in eine große Schüssel geben. Von den Feigen die Stiele entfernen. Feigen in dünne Scheiben schneiden. Ananas-Fruchtfleisch in kleine Stücke schneiden.

2. Sahne halb steif schlagen. Mit Honig, Zimt, Nelken und Zitronenschale würzen. Die Sahnesauce mit den Salatzutaten vermengen. Den Salat nochmals mit den Gewürzen abschmecken.

Tipps: Statt der frischen Ananas können Sie auch 1 Dose abgetropfte Ananasstücke (Abtropfgewicht 500 g) oder 500 g frische Ananasscheiben aus dem Kühlregal verwenden. Oder ersetzen Sie die Hälfte des Ananas-Fruchtfleisches durch Orangen-Fruchtfleisch. Dafür 3–4 Orangen filetieren. Die Salatzutaten in Portionsschälchen füllen und die Sahnesauce darauf verteilen. Mit gemahlenem Zimt bestäuben.

Schmorgurken mit Feta-Reis-Füllung
Beliebt
4 Portionen

Pro Portion: E: 17 g, F: 21 g, Kh: 53 g, kJ: 2004, kcal: 478, BE: 4,0

175 g	Langkornreis
	Salz
200 g	Fetakäse
etwa 130 g	getrocknete Tomaten, in Öl
6 Stängel	Basilikum
	frisch gemahlener Pfeffer
2	mittelgroße Schmorgurken (etwa 800 g)
3	große Fleischtomaten
2	Knoblauchzehen
2 EL	Olivenöl
2 EL	Kapern (aus dem Glas)
1–2 EL	Balsamico-Essig
1 EL	flüssiger Honig
1 Prise	gemahlener Piment
100 ml	Gemüsebrühe
einige	vorbereitete Basilikumstreifen

Zubereitungszeit: 25 Minuten
Garzeit: etwa 40 Minuten

1. Den Langkornreis in kochendem Salzwasser etwa 18 Minuten nach Packungsanleitung quellen lassen.

2. In der Zwischenzeit den Fetakäse in kleine Würfel schneiden. Getrocknete Tomaten abtropfen lassen, dabei das Öl auffangen. 1–2 Esslöffel des Tomatenöls mit den Käsewürfeln mischen.

3. Den gegarten Reis in einem Sieb abtropfen lassen und mit der Fetakäse-Masse mischen. Getrocknete Tomaten in feine Streifen schneiden und unterheben.

4. Basilikum abspülen und trocken tupfen. Die Blättchen von den Stängeln zupfen. Blättchen in Streifen schneiden. Die Hälfte der Basilikumstreifen unter die Reis-Käse-Masse heben. Mit Pfeffer würzen.

5. Die Schmorgurken schälen und der Länge nach halbieren. Die Kerne mit einem Löffel herausschaben. Die Gurkenhälften in eine große Auflaufform (gefettet) setzen. Die Reis-Käse-Masse darauf verteilen.

6. Den Backofen vorheizen.
Ober-/Unterhitze: etwa 200 °C
Heißluft: etwa 180 °C

7. Tomaten abspülen, trocken tupfen, halbieren und die Stängelansätze herausschneiden. Tomatenhälften grob würfeln. Knoblauch abziehen und in kleine Würfel schneiden.

8. Olivenöl in einer Pfanne erhitzen. Tomaten- und Knoblauchwürfel darin unter Rühren etwa 5 Minuten dünsten. Kapern abtropfen lassen und hinzugeben. Mit Essig, Honig, Salz, Piment und Pfeffer pikant würzen. Restliche Basilikumstreifen unterrühren.

9. Tomatensugo um die Gurkenhälften herum verteilen, die Brühe hinzugießen. Die Form mit Alufolie zudecken und auf dem Rost in den vorgeheizten Backofen schieben. Die Schmorgurken **etwa 40 Minuten garen.**

10. Die Form aus dem Backofen nehmen. Schmorgurken mit dem Tomatensugo auf Tellern anrichten. Die Feta-Reis-Füllung zusätzlich mit Basilikumstreifen bestreuen.

Schnelle Erbsensuppe
Raffiniert
2 Portionen

Pro Portion: E: 14 g, F: 7 g, Kh: 22 g, kJ: 879, kcal: 210, BE: 1,5

300 g	TK-Erbsen
1	kleine Zwiebel
1 Msp.	Butter
etwa 400 ml	Wasser
2 TL	gekörnte Gemüsebrühe
2 EL	saure Sahne
1 Spritzer	Zitronensaft
	Salz, frisch gemahlener Pfeffer
etwas	Zucker oder Honig
2 TL	frisch geriebener Parmesan-Käse
1 TL	frisch gehackte Petersilie

Zubereitungszeit: 15 Minuten, ohne Antauzeit
Garzeit: etwa 5 Minuten

1. TK-Erbsen nach Packungsanleitung antauen lassen. Zwiebel abziehen und in kleine Würfel schneiden.

2. Butter in einem Topf zerlassen. Zwiebelwürfel darin andünsten. Wasser und gekörnte Brühe hinzugeben, aufkochen lassen. Die angetauten Erbsen hinzugeben, wieder zum Kochen bringen und zugedeckt etwa 5 Minuten bei mittlerer Hitze kochen lassen. 1 Teelöffel saure Sahne unterrühren. Die Suppe mit einem Stabmixer pürieren.

3. Mit Zitronensaft, Salz, Pfeffer und Zucker oder Honig abschmecken. Die Erbsensuppe in Suppentassen oder -tellern anrichten. Mit der restlichen sauren Sahne, Parmesan-Käse und Petersilie garnieren.

Schnelles Pfannengemüse mit kaltem Orangen-Couscous

Raffiniert
2 Portionen

Pro Portion: E: 16 g, F: 22 g, Kh: 53 g, kJ: 2036, kcal: 484, BE: 3,5

175 ml	Orangensaft
100 g	Couscous
1	gelbe Paprikaschote (etwa 150 g)
100 g	Staudensellerie
2	rote Zwiebeln (etwa 120 g)
3 EL	Olivenöl
1 Msp.	getrocknete Chiliflocken
300 g	Zucchini
250 g	Cocktailtomaten
4 Zweige	Zitronenverbene oder 3 Zweige Zitronentyhmian
	Salz
	frisch gemahlener Pfeffer
evtl. einige Zweige	Zitronenverbene oder -thymian
100 g	griechischer oder Sahne-Joghurt (10 % Fett)

Zubereitungszeit: 35 Minuten

1. Den Orangensaft leicht erhitzen (nicht kochen) und in eine Schüssel geben. Den Couscous unter Rühren einstreuen und zugedeckt etwa 30 Minuten quellen lassen.

2. In der Zwischenzeit die Paprikaschote vierteln, entstielen, entkernen und die weißen Scheidewände entfernen. Schotenviertel abspülen, trocken tupfen und längs in schmale Streifen schneiden.

3. Staudensellerie putzen und die harten Außenfäden abziehen. Selleriestangen abspülen, abtropfen lassen und in feine Scheiben schneiden. Zwiebeln abziehen, halbieren und in feine Spalten schneiden.

4. Olivenöl in einer großen Pfanne oder einem Wok erhitzen. Zwiebelspalten, Selleriescheiben und Paprikastreifen darin unter Rühren andünsten, mit Chiliflocken würzen. Das Gemüse etwa 10 Minuten bei mittlerer Hitze unter Rühren dünsten.

5. Zucchini abspülen, abtrocknen und die Enden abschneiden. Zucchini in Scheiben schneiden. Tomaten abspülen, abtropfen lassen und halbieren. Zitronenverbene oder -thymian abspülen und trocken tupfen. Die Blättchen von den Stängeln zupfen. Zitronenverbeneblättchen evtl. kleiner schneiden.

6. Tomatenhälften, Zucchinischeiben und Kräuter zu dem Gemüse in die Pfanne oder den Wok geben und etwa 3 Minuten mitdünsten lassen.

7. Orangen-Couscous mit Salz abschmecken. Das Gemüse mit Salz und Pfeffer abschmecken und anrichten. Nach Belieben mit abgespülten und trocken getupften Verbenezweigen garnieren. Orangen-Couscous und Joghurt zum Pfannengemüse servieren.

Soleier mit Hoisin-Sauce
Etwas Besonderes
20 Stück

Pro Stück: E: 8 g, F: 9 g, Kh: 8 g,
kJ: 577, kcal: 138, BE: 0,5

Für die Marinade:
- 2 l Wasser
- 100 g Meersalz
- 3 Lorbeerblätter
- 2 EL Senfkörner
- 50 g getrocknete Dillblüten
- 3 Gewürznelken
- 5 Wacholderbeeren

Für die Soleier:
- 1 l Wasser
- 3 Zwiebeln (braunschalig)
- 20 Eier

Für die Hoisin-Sauce:
- 200 ml Oystersauce (Austernsauce)
- 50 ml Sojasauce
- 80 g brauner Zucker
- 5 EL Sesamöl

Zubereitungszeit: 25 Minuten, ohne Marinierzeit

1. Für die Marinade Wasser mit Salz, Lorbeerblättern, Senfkörnern, abgespülten, trocken getupften Dillblüten, Nelken und Wacholderbeeren in einem Topf aufkochen lassen, bis das Salz aufgelöst ist. Den Topf von der Kochstelle nehmen. Marinade erkalten lassen.

2. Für die Soleier Wasser in einem Topf zum Kochen bringen. Zwiebeln mit der Schale abspülen, trocken tupfen und mit der Schale vierteln. Zwiebelviertel in das kochende Wasser geben und etwa 15 Minuten kochen lassen, bis das Wasser die Zwiebelfarbe angenommen hat.

3. Die Eier am dicken runden Ende mit einer Nadel oder einem Eierpick anstechen und in dem kochenden Zwiebelwasser etwa 10 Minuten hart kochen. Die Eier mit einer Schaumkelle herausnehmen und mit kaltem Wasser abspülen.

4. Die Schalen der gekochten Eier anknicken. Eier in die Marinade legen und mindestens 2 Tage darin ziehen lassen.

5. Für die Sauce Oystersauce, Sojasauce und braunen Zucker in einem Topf aufkochen lassen, bis der Zucker gelöst ist. Sesamöl unterrühren. Die Sauce zu den Soleiern reichen.

Tipps: Die Eier können 1–2 Wochen in der Marinade gelagert werden. Für die Marinade können Sie statt Dillblüten auch Sternanis verwenden.

Sommergemüse mit Knusperkernen

Einfach
4 Portionen

Pro Portion: E: 11 g, F: 19 g, Kh: 45 g, kJ: 1678, kcal: 399, BE: 3,0

2 EL	Sonnenblumenkerne
1	kleiner Spitzkohl (etwa 600 g)
1 Bund	Möhren
2	mittelgroße Zucchini (etwa 300 g)
2 EL	Butter oder Margarine
1 EL	Zucker
	Salz, frisch gemahlener Pfeffer
	frisch geriebene Muskatnuss
1 EL	Zitronensaft
300 g	Schupfnudeln (aus dem Kühlregal)
200 g	saure Sahne
2 EL	heller Saucenbinder

Zubereitungszeit: 20 Minuten
Garzeit: etwa 15 Minuten

1. Die Sonnenblumenkerne in einer Pfanne ohne Fett unter Rühren anrösten, herausnehmen und auf einem Teller erkalten lassen.

2. Spitzkohl putzen, vierteln und den Strunk herausschneiden. Kohlviertel abspülen, gut abtropfen lassen und in fingerbreite Streifen schneiden. Möhren putzen, schälen, abspülen und abtropfen lassen. Zucchini abspülen, abtrocknen und die Enden abschneiden. Möhren und Zucchini in feine Stifte schneiden.

3. Jeweils etwas Butter oder Margarine in einer großen Pfanne zerlassen. Die Kohlstreifen, Möhren- und Zucchinistifte darin portionsweise unter Rühren andünsten. Mit Zucker, Salz, Pfeffer und Muskat würzen. Zitronensaft und etwa 4 Esslöffel Wasser hinzugeben, zum Kochen bringen. Das Gemüse zugedeckt etwa 5 Minuten bei schwacher Hitze unter gelegentlichem Rühren garen.

4. Den Deckel abnehmen. Das Gemüse bei starker Hitze braten, bis die Flüssigkeit fast verdampft ist. Schupfnudeln hinzugeben und unter vorsichtigem Wenden anbraten. Saure Sahne mit dem Saucenbinder verrühren, unter vorsichtigem Rühren unter die Gemüse-Schupfnudel-Masse rühren und kurz aufkochen lassen.

5. Die Sommergemüse-Pfanne nochmals mit Salz, Pfeffer und Muskat abschmecken. Mit Sonnenblumenkernen bestreut sofort servieren.

Sommerlicher Bulgursalat

Für Gäste
4 Portionen

Pro Portion: E: 20 g, F: 25 g, Kh: 54 g, kJ: 2201, kcal: 526, BE: 4,5

400 ml	Wasser
250 g	Bulgur (erhältlich in Bio-Läden, türkischen oder arabischen Lebensmittelläden)
	Salz
1	reife Wassermelone (etwa 700 g)
1	Salatgurke (etwa 400 g)
2–3 EL	Zitronensaft
1–2 EL	Obstessig
1 TL	flüssiger Blütenhonig
4 EL	Olivenöl
	frisch gemahlener Pfeffer
1 Msp.	gemahlener Koriander
	Cayennepfeffer
125 g	Rucola (Rauke)
300 g	Schafkäse

Zubereitungszeit: 45 Minuten, ohne Abkühlzeit

1. Wasser in einem Topf zum Kochen bringen. Bulgur einstreuen, mit Salz würzen. Bulgur unter Rühren zum Kochen bringen und zugedeckt etwa 20 Minuten bei schwacher Hitze garen. Dabei gelegentlich umrühren.

2. Gegarten Bulgur in eine große Schüssel geben und unter gelegentlichem Rühren erkalten lassen.

3. In der Zwischenzeit Wassermelone halbieren und die Kerne mit einem Löffel herauskratzen. Melonenhälften schälen. Das Fruchtfleisch in etwa 1 ½ cm große Würfel schneiden.

4. Die Salatgurke abspülen, trocken tupfen und der Länge nach halbieren. Die Kerne mit einem Löffel herauskratzen. Gurkenhälften nochmals der Länge nach durchschneiden, dann quer in dünne Scheiben schneiden.

5. Melonenwürfel, Gurkenscheiben, Zitronensaft, Obstessig, Honig und Olivenöl unter den Bulgur rühren. Mit Salz, Pfeffer, Koriander und Cayennepfeffer würzen. Salat etwa 10 Minuten stehen lassen.

6. In der Zwischenzeit Rucola abspülen und trocken tupfen. Die dicken Stiele entfernen. Rucola in mundgerechte Stücke zupfen. Schafkäse mit Küchenpapier trocken tupfen und in schmale Scheiben schneiden.

7. Rucola unter den Bulgursalat heben. Mit Salz und Pfeffer abschmecken. Bulgursalat mit dem Schafkäse anrichten.

Tipps: Statt der Wassermelone können Sie jede andere Melone verwenden. Wenn die Melone sehr süß ist, den Honig weglassen.

Spaghetti-Salat mit Joghurtpesto
Raffiniert
4 Portionen

Pro Portion: E: 19 g, F: 17 g, Kh: 52 g,
kJ: 1886, kcal: 450, BE: 4,0

100 g	Zuckerschoten oder TK-Erbsen
2 ½ l	Wasser
2 ½ gestr. TL	Salz
250 g	Hartweizen-Spaghetti oder helle Vollkorn-Spaghetti
1 EL	Olivenöl
250 g	Cocktailtomaten
4	Frühlingszwiebeln oder 1 Bund frischer oder 25 g TK-Schnittlauch
150 g	Joghurt
50 ml	Gemüsebrühe
2 EL	Kräuter-Pesto (aus dem Glas) Salz, frisch gemahlener Pfeffer
2	hart gekochte Eier
3–4 EL	frisch gehobelter Parmesan-Käse
einige	frische Basilikumblättchen

Zubereitungszeit: 35 Minuten, ohne Abkühl- und Durchziehzeit

1. Von den Zuckerschoten die Enden abschneiden, evtl. abfädeln. Schoten abspülen, abtropfen lassen und halbieren.

2. Wasser in einem großen Topf mit geschlossenem Deckel zum Kochen bringen. Dann Salz und Spaghetti hinzugeben. Spaghetti im geöffneten Topf bei mittlerer Hitze nach Packungsanleitung kochen lassen, dabei zwischendurch 4–5-mal umrühren.

3. Zuckerschotenhälften oder die gefrorenen Erbsen etwa 2 Minuten vor Ende der Garzeit zu den Spaghetti in den Topf geben und mitgaren lassen.

4. Anschließend die Spaghetti mit den Zuckerschotenhälften oder den Erbsen in ein Sieb geben, mit kaltem Wasser abspülen, abtropfen lassen und mit Olivenöl beträufeln. Spaghetti mit einer Gabel auflockern, damit sie nicht verkleben. Spaghetti mit den Zuckerschotenhälften oder Erbsen erkalten lassen.

5. Tomaten abspülen, trocken tupfen, halbieren und evtl. die Stängelansätze herausschneiden. Frühlingszwiebeln putzen, abspülen, abtropfen lassen und in feine Ringe schneiden.

6. Spaghetti mit den Zuckerschotenhälften oder Erbsen in eine große Schüssel geben. Tomatenhälften und Frühlingszwiebelringe untermischen.

7. Joghurt mit Brühe und Pesto verrühren. Mit Salz und Pfeffer kräftig würzen. Die Marinade mit den Salatzutaten gut vermischen. Den Salat zugedeckt etwa 20 Minuten durchziehen lassen.

8. Eier pellen, halbieren. Den Spaghetti-Salat nochmals mit Salz und Pfeffer abschmecken. Evtl. noch etwas Brühe unterrühren. Den Spaghetti-Salat mit Parmesan-Käse, Eierhälften und abgespülten, trocken getupften Basilikumblättchen anrichten.

Spargel mit fruchtigem Linsengemüse
Für Gäste
2 Portionen

Pro Portion: E: 32 g, F: 21 g, Kh: 58 g, kJ: 2323, kcal: 552, BE: 3,5

1 kg	weißer Spargel
4	Frühlingszwiebeln (etwa 100 g)
1	reife Mango (etwa 450 g)
3	Eier (Größe M)
175 ml	Gemüsebrühe
80 g	rote Linsen
20 g	Butter
200 ml	Wasser
	Salz
6 Stängel	Kerbel
1 EL	braune Senfkörner
	abgeriebene Schale von
½	Bio-Zitrone (unbehandelt, ungewachst)
1–2 EL	Olivenöl
	frisch gemahlener Pfeffer
	Cayennepfeffer

Zubereitungszeit: 50 Minuten

1. Den Spargel von oben nach unten schälen. Darauf achten, dass die Schalen vollständig entfernt, die Köpfe aber nicht verletzt werden. Spargelstangen abspülen und abtropfen lassen. Frühlingszwiebeln putzen, abspülen, abtropfen lassen und schräg in dünne Ringe schneiden. Die Mango in der Mitte längs durchschneiden. Den Stein herausnehmen. Mangohälften schälen. Fruchtfleisch in sehr kleine Würfel schneiden.

2. Eier in kochendem Wasser etwa 8 Minuten wachsweich kochen, herausnehmen und in kaltem Wasser kurz abschrecken.

3. Die Brühe in einem Topf zum Kochen bringen. Die Linsen hinzugeben, wieder zum Kochen bringen und zugedeckt etwa 8 Minuten bei schwacher Hitze garen.

4. In der Zwischenzeit Butter und Wasser in einem breiten, flachen Topf zum Kochen bringen. Mit Salz würzen. Spargelstangen hineinlegen, wieder zum Kochen bringen und zugedeckt etwa 8 Minuten bei mittlerer Hitze dünsten.

5. Kerbel abspülen und trocken tupfen. Die Blättchen von den Stängeln zupfen. Senfkörner in einer Pfanne ohne Fett kurz bei mittlerer Hitze anrösten, bis er duftet, herausnehmen und auf einem Teller abkühlen lassen.

6. Die Mangowürfel, Zitronenschale, Frühlingszwiebelringe und Olivenöl zu den Linsen geben, untermischen und nochmals erhitzen. Das Linsengemüse mit Salz, Pfeffer und Cayennepfeffer würzen. Die Hälfte der Kerbelblättchen unterheben.

7. Eier pellen und längs halbieren. Spargelstangen mit einer Schaumkelle aus dem Sud nehmen und gut abtropfen lassen. Spargelstangen mit dem Linsengemüse und den Eierhälften auf einer Platte anrichten. Mit Senfkörnern bestreuen und mit den restlichen Kerbelblättchen garnieren.

Tipps: Anstelle der braunen Senfkörner können Sie auch gelbe Senfkörner rösten oder 1–2 Teelöffel körnigen Dijon-Senf unter das Linsengemüse rühren.

Spargelcremesuppe
Klassisch – für Gäste
4 Portionen

Pro Portion: E: 7 g, F: 22 g, Kh: 13 g, kJ: 1156, kcal: 277, BE: 1,0

500 g	weißer Spargel
1 gestr. TL	Salz
1 gestr. TL	Zucker
60 g	Butter
1 l	Wasser
etwa 300 ml	Milch
30 g	Weizenmehl
½ Bund	Petersilie
	Salz
	Zucker
	frisch gemahlener, weißer Pfeffer
	frisch geriebene Muskatnuss
2	Eigelb (Größe M)
3 EL	Schlagsahne

Zubereitungszeit: 45 Minuten
Garzeit: 35–37 Minuten

1. Den Spargel von oben nach unten schälen. Darauf achten, dass die Schalen vollständig entfernt, die Köpfe aber nicht verletzt werden. Die unteren Enden abschneiden (holzige Stellen vollkommen entfernen). Schalen und Enden beiseitelegen. Spargelstangen in etwa 3 cm lange Stücke schneiden, abspülen und trocken tupfen.

2. Beiseitegelegte Spargelenden und -schalen abspülen, trocken tupfen und in einen Topf geben. Salz, Zucker und 20 g der Butter hinzufügen. Wasser hinzugießen, zum Kochen bringen und zugedeckt etwa 15 Minuten bei mittlerer Hitze kochen lassen. Anschließend durch ein Sieb gießen, die Kochflüssigkeit dabei auffangen, wieder in den Topf geben und zum Kochen bringen. Die Spargelstücke darin zugedeckt in 10–12 Minuten bissfest garen.

3. Die Spargelstücke in einem Sieb abtropfen lassen, dabei die Kochflüssigkeit wieder auffangen und mit Milch auf 1 Liter auffüllen.

4. Die restliche Butter in einem Topf zerlassen. Mehl unter Rühren darin erhitzen, bis es hellgelb ist. Die Spargel-Milch-Flüssigkeit nach und nach hinzugießen und mit einem Schneebesen kräftig durchschlagen. Dabei darauf achten, dass keine Klümpchen entstehen.

5. Die Suppe zum Kochen bringen und etwa 10 Minuten bei schwacher Hitze ohne Deckel leicht kochen, dabei gelegentlich umrühren.

6. Petersilie abspülen und trocken tupfen. Die Blättchen von den Stängeln zupfen. Zwei Drittel der Blättchen klein schneiden.

7. Die Suppe mit Salz, Zucker, Pfeffer und Muskat würzen. Eigelb mit Sahne verschlagen. 4 Esslöffel von der Suppe unterrühren. Eigelb-Sahne unter die restliche Suppe rühren. Die Suppe nicht mehr kochen lassen.

8. Die abgetropften Spargelstücke hinzufügen und erwärmen. Die Suppe in Tellern verteilen. Mit der klein geschnittenen Petersilie bestreuen und mit den restlichen Petersilienblättchen garniert servieren.

Spargeltarte

Raffiniert
12 Portionen

Pro Portion: E: 8 g, F: 14 g, Kh: 24 g,
kJ: 1081, kcal: 259, BE: 2,0

Für den Hefeteig:

150 ml	warmes Wasser
21 g	frische Hefe
1 Prise	Zucker
350 g	Weizenmehl
20 g	frisch geriebener Parmesan-Käse
1 gestr. TL	Salz
50 ml	Olivenöl

Für den Belag:

750 g	grüner Spargel
	Salz

Für den Guss:

2	Eier (Größe M)
200 g	Schlagsahne
200 ml	Milch
	frisch gemahlener Pfeffer
	frisch geriebene Muskatnuss
50 g	frisch geriebener Parmesan-Käse

Zubereitungszeit: 60 Minuten,
ohne Teiggeh- und Ruhezeit
Backzeit: etwa 35 Minuten

1. Für den Teig Wasser mit der zerbröselten Hefe und Zucker in einer Rührschüssel verrühren. Die Hälfte des Mehls unterrühren. Restliches Mehl, Parmesan-Käse und Salz daraufstreuen. Olivenöl hinzugießen. Hefeteig zugedeckt etwa 20 Minuten an einen warmen Ort gehen lassen.

2. Wenn das aufgestreute Mehl Risse zeigt, alles mit Handrührgerät mit Knethaken zunächst kurz auf niedrigster, dann auf höchster Stufe zu einem glatten Teig verkneten. Den Teig etwa 10 Minuten ruhen lassen.

3. Den Teig auf einer leicht bemehlten Arbeitsfläche zu einer runden Platte (Ø etwa 34 cm) ausrollen. Die Teigplatte in eine Springform (Ø 28 cm, mit Backpapier belegt, den Rand mit Butter bestrichen) legen und einen etwa 3 cm hohen Rand andrücken.

4. Den Backofen vorheizen.
Ober-/Unterhitze: etwa 200 °C
Heißluft: etwa 180 °C

5. Für den Belag von dem Spargel das untere Drittel schälen und die Enden abschneiden. Salzwasser in einem Topf zum Kochen bringen. Den Spargel darin etwa 2 Minuten blanchieren, mit einer Schaumkelle herausnehmen, in ein Sieb geben, mit kaltem Wasser abspülen und abtropfen lassen. Den Spargel kreisförmig auf den Teigboden legen.

6. Für den Guss Eier mit Sahne und Milch in einer Rührschüssel verschlagen. Guss mit Salz, Pfeffer und 1 Prise Muskat abschmecken. Den Guss auf dem Spargel verteilen und mit Parmesan-Käse bestreuen.

7. Die Tarte auf dem Rost in den vorgeheizten Backofen schieben. Die Tarte in **etwa 35 Minuten goldbraun backen.**

8. Die Tarte aus der Form lösen, auf eine Platte legen und warm oder kalt servieren.

Spinat-Orangen-Salat
Fruchtig
10 Portionen

Pro Portion: E: 6 g, F: 21 g, Kh: 13 g, kJ: 1098, kcal: 263, BE: 1,0

400 g	feiner Blattspinat
5	Orangen
100 g	Pinienkerne
150 g	schwarze Oliven
5	kleine Ziegenfrischkäse (etwa 200 g)
1	Bio-Orange (unbehandelt, ungewachst)
4 EL	Balsamico-Essig
1 TL	mittelscharfer Senf
1 EL	flüssiger Honig
50 ml	Olivenöl
	Salz, frisch gemahlener Pfeffer

Zubereitungszeit: 40 Minuten, ohne Abkühlzeit

1. Den Spinat verlesen, gründlich abspülen und gut abtropfen lassen. Spinatblätter auf Küchenpapier legen und trocken tupfen. Eine Salatschale mit den Spinatblättern auslegen.

2. Orangen so schälen, dass die weiße Haut mitentfernt wird. Die Orangen in dicke Scheiben schneiden, dabei den Orangensaft auffangen. Orangensaft in eine Rührschüssel geben.

3. Pinienkerne in einer Pfanne ohne Fett unter Rühren rösten, herausnehmen und auf einem Teller erkalten lassen.

4. Oliven abtropfen lassen, mit den Pinienkernen auf die Spinatblätter streuen. Die Orangenscheiben darauf verteilen. Ziegenfrischkäse grob zerbröseln. Den Salat damit bestreuen.

5. Die Bio-Orange heiß abwaschen, abtrocknen und die Schale abreiben. Orangenschale, Balsamico-Essig, Senf und Honig unter den aufgefangenen Orangensaft rühren. Olivenöl unterschlagen. Mit Salz und Pfeffer abschmecken.

6. Den Salat mit der Marinade beträufeln. Oder die Marinade zu dem Salat reichen.

Spitzkohlauflauf mit Pilzen und Möhren
Raffiniert
4 Portionen

Pro Portion: E: 17 g, F: 26 g, Kh: 14 g,
kJ: 1500, kcal: 359, BE: 1,0

etwa 1 kg	Spitzkohl
300 g	Pilze, z. B. braune Champignons
300 g	Möhren
3 EL	Sesamöl
	Salz, frisch gemahlener Pfeffer
50 ml	Gemüsebrühe
200 g	Frischkäse (Rahmstufe)
100 ml	Milch
	frisch geriebene Muskatnuss
1 Msp.	Kreuzkümmel
2 ½ EL	Sesamsamen
einige Stängel	Petersilie oder Kerbel

Zubereitungszeit: 30 Minuten
Garzeit: etwa 20 Minuten

1. Den Spitzkohl putzen, halbieren und in 8 Spalten schneiden. Den Strunk so herausschneiden, dass die Stücke nicht auseinanderfallen. Kohlstücke kurz abspülen und abtropfen lassen.

2. Die Pilze putzen, mit Küchenpapier abreiben, evtl. kurz abspülen und trocken tupfen. Pilze halbieren oder vierteln. Möhren putzen, schälen, abspülen, abtropfen lassen und schräg in dünne Scheiben schneiden.

3. Den Backofen vorheizen.
Ober-/Unterhitze: etwa 180 °C
Heißluft: etwa 160 °C

4. Etwas Sesamöl in einer Pfanne erhitzen. Jeweils die Hälfte der Spitzkohlstücke, Pilze und Möhrenscheiben darin nacheinander anbraten. Mit Salz und Pfeffer würzen, Brühe hinzugießen. Das Gemüse zugedeckt etwa 5 Minuten bei schwacher Hitze dünsten, herausnehmen, in einer großen, flachen Auflaufform (gefettet) verteilen. Die Brühe auffangen, kurz beiseitestellen.

5. Danach das restliche Gemüse ebenso anbraten, würzen und in der beiseitegestellten Brühe dünsten. Gemüse ebenfalls in die Form geben.

6. Frischkäse mit Milch verrühren, mit Salz, Pfeffer, Muskat und Kreuzkümmel würzen. Die Frischkäsemasse auf dem Gemüse in der Form verteilen. Sesam daraufstreuen. Die Form mit Alufolie zudecken.

7. Die Form auf dem Rost in den vorgeheizten Backofen (unteres Drittel) schieben. Den Auflauf zugedeckt **etwa 15 Minuten garen.**

8. Die Form aus dem Backofen nehmen. Die Alufolie entfernen. Den Spitzkohlauflauf wieder in den heißen Backofen schieben und **bei gleicher Backofeneinstellung weitere etwa 5 Minuten garen.**

9. Petersilie oder Kerbel abspülen und trocken tupfen. Die Blättchen von den Stängeln zupfen. Den Spitzkohlauflauf mit den Kräuterblättchen bestreut servieren.

Beilage: In Butter geschwenkte Petersilienkartoffeln.

Tipp: Wer keinen Kreuzkümmel mag, kann ihn auch durch etwas gemahlenen Kümmel oder Currypulver ersetzen.

Steckrüben-Steinpilz-Auflauf
Für Gäste
4 Portionen

Pro Portion: E: 11 g, F: 29 g, Kh: 14 g, kJ: 1528, kcal: 365, BE: 1,0

15 g	*getrocknete Steinpilze*
150 ml	*kochendes Wasser*
1 kg	*Steckrübe*
einige Stängel	*frischer oder 1 TL gerebelter Majoran*
100 ml	*Steinpilz-Hefebrühe (erhältlich im Reformhaus)*
250 g	*Schlagsahne*
	Salz, frisch gemahlener Pfeffer
100 g	*geriebener Käse, z. B. mittelalter Gouda, Greyerzer oder Emmentaler*

Zubereitungszeit: 40 Minuten, ohne Quellzeit
Garzeit: etwa 40 Minuten

1. Die Steinpilze kurz unter fließendem kalten Wasser abspülen, damit evtl. vorhandener Sand entfernt wird. Die Steinpilze in eine Schüssel geben, mit 150 ml kochendem Wasser übergießen und etwa 15 Minuten quellen lassen.

2. Den Backofen vorheizen.
Ober-/Unterhitze: etwa 200 °C
Heißluft: etwa 180 °C

3. Die Steckrübe vierteln, schälen, abspülen und abtropfen lassen. Die Viertel quer in sehr feine Scheiben schneiden oder auf einem stabilen Gemüsehobel fein hobeln. Frischen Majoran abspülen und trocken tupfen. Die Blättchen von den Stängeln zupfen.

4. Steckrübenscheiben und frischen oder getrockneten Majoran in eine große Auflaufform (gefettet) geben. Brühe, Steinpilze mit Einweichwasser und Sahne mischen, mit Salz und Pfeffer kräftig würzen. Die Mischung auf den Steckrübenscheiben verteilen. Form auf dem Rost in den vorgeheizten Backofen schieben. Den Auflauf **etwa 30 Minuten garen.**

5. Nach etwa 30 Minuten Garzeit die Form aus dem Backofen nehmen und den Käse auf den Auflauf streuen. Die Form wieder auf dem Rost in den heißen Backofen schieben. Auflauf **bei gleicher Backofeneinstellung in etwa 10 Minuten fertig garen.**

Tipps: Ein vollwertiges vegetarisches Hauptgericht für 4 Personen wird daraus, wenn Sie dazu etwa 200 g gegarten Vollkornreis reichen. Probieren Sie diesen Auflauf auch einmal mit der gleichen Menge Hokkaido-Kürbis, Thymian und zerbröseltem Schafkäse.

Steinpilz-Brokkoli-Auflauf
Gut vorzubereiten
4 Portionen

Pro Portion: E: 20 g, F: 48 g, Kh: 7 g, kJ: 2254, kcal: 539, BE: 0,5

500 g	Brokkoli
	Salz
250 g	Steinpilze oder dunkle Champignons
100 g	rote Zwiebeln
3 EL	Speiseöl
	frisch gemahlener Pfeffer
	Kurkuma (Gelbwurz)
	Cumin (Kreuzkümmel)
2 EL	geröstete Sesamsamen
150 g	frisch geriebener Emmentaler Käse

Für die Sauce:

250 g	Schlagsahne
1 EL	Crème fraîche
1 EL	geröstete Sesamsamen

Zubereitungszeit: 25 Minuten
Garzeit: etwa 20 Minuten

1. Von dem Brokkoli die Blätter entfernen. Stängel am Strunk schälen und bis kurz vor den Röschen kreuzförmig einschneiden. Den Brokkoli abspülen, abtropfen lassen und zugedeckt in kochendem Salzwasser etwa 10 Minuten garen. Brokkoli in einem Sieb abtropfen lassen.

2. Den Backofen vorheizen.
Ober-/Unterhitze: etwa 200 °C
Heißluft: etwa 180 °C

3. Pilze putzen, mit Küchenpapier abreiben, evtl. kurz abspülen und trocken tupfen. Zwiebeln abziehen und in kleine Würfel schneiden. Speiseöl in einer Pfanne erhitzen. Zwiebelwürfel darin andünsten. Pilze hinzugeben und kurz mitdünsten lassen.

4. Brokkoli und die Pilz-Zwiebel-Masse in einer Auflaufform (gefettet) verteilen, mit Salz, Pfeffer, Kurkuma und Cumin würzen. Den Auflauf zuerst mit Sesam, dann mit Käse bestreuen.

5. Für die Sauce Sahne mit Crème fraîche verschlagen, Sesam unterrühren. Mit Salz und Pfeffer würzen. Die Sauce auf dem Auflauf verteilen.

6. Die Form auf dem Rost in den vorgeheizten Backofen schieben. Den Auflauf **etwa 20 Minuten garen.**

Tofu-Gemüse-Ragout

Einfach
2 Portionen

Pro Portion: E: 22 g, F: 27 g, Kh: 12 g,
kJ: 1631, kcal: 389, BE: 0,5

1	Knoblauchzehe
1	Zwiebel
je ½	grüne und rote Paprikaschote
125 g	Zucchini
200 g	Auberginen
200 g	Tomaten
3 EL	Olivenöl
	Salz
	frisch gemahlener Pfeffer
je 1 Msp.	gerebelter Rosmarin, Thymian und Oregano
200–250 g	Tofu
75 g	Oliven mit Kräutern (aus dem Glas)

Zubereitungszeit: 35 Minuten

1. Knoblauch und Zwiebel abziehen, in kleine Würfel schneiden. Paprikaschotenhälften entstielen, entkernen und die weißen Scheidewände entfernen. Schotenhälften abspülen, abtropfen lassen und würfeln.

2. Zucchini und Auberginen abspülen, abtropfen lassen und die Stängelansätze bzw. Enden abschneiden. Zucchini und Auberginen grob würfeln.

3. Tomaten abspülen, abtropfen lassen, halbieren und die Stängelansätze herausschneiden. Tomatenhälften ebenfalls grob würfeln.

4. Zwei Esslöffel Olivenöl in einem Topf erhitzen. Die Knoblauch- und Zwiebelwürfel darin kurz andünsten. Zucchini- und Auberginenwürfel hinzugeben, mit Salz, Pfeffer und Kräutern würzen. Das Gemüse zugedeckt 5–8 Minuten bei schwacher Hitze unter gelegentlichem Rühren dünsten.

5. Paprikawürfel hinzugeben und zugedeckt weitere etwa 5 Minuten dünsten. Tomatenwürfel unterheben. Das Gemüse einmal aufkochen lassen.

6. In der Zwischenzeit den Tofu in Würfel schneiden. Restliches Olivenöl in einer Pfanne erhitzen. Tofuwürfel darin von allen Seiten bei mittlerer Hitze anbraten.

7. Die Tofuwürfel mit den abgetropften Oliven zum Gemüse geben und vorsichtig untermischen. Ragout zugedeckt noch etwa 5 Minuten garen und mit den Gewürzen abschmecken.

Beilage: **Rosmarin-Kartoffeln** (2 Portionen). Dafür 500 g neue Kartoffeln gründlich unter fließendem kalten Wasser abbürsten und abtropfen lassen. Kartoffeln der Länge nach in dünne Spalten schneiden. 4–5 Esslöffel Olivenöl in einer großen Pfanne erhitzen. Die Kartoffelspalten hinzugeben, mit Salz und Pfeffer würzen. 1 großen Stängel Rosmarin abspülen und trocken tupfen. Die Nadeln von dem Stängel zupfen. Nadeln klein schneiden und zu den Kartoffelspalten geben. Kartoffelspalten etwa 20 Minuten unter mehrmaligem Wenden braten, bis sie eine braune Kruste haben.

Tipp: Statt Rosmarin, Thymian und Oregano etwa 1 Teelöffel Kräuter der Provence verwenden.

Tomaten mit Champignonfüllung
Raffiniert
4 Portionen

Pro Portion: E: 11 g, F: 24 g, Kh: 14 g, kJ: 1352, kcal: 322, BE: 0,5

12 mittelgroße Tomaten
Salz
frisch gemahlener Pfeffer

Für die Füllung:
1 große Zwiebel
600 g Champignons
3 EL Speiseöl
1 EL Weizenmehl
2 EL gehackte, glatte Petersilie

2 EL zerbröseltes Weißbrot
2 EL frisch geriebener Parmesan-Käse
60 g Butter

Zubereitungszeit: 40 Minuten
Überbackzeit: etwa 20 Minuten

1. Die Tomaten abspülen, abtrocknen und jeweils einen Deckel abschneiden. Tomaten vorsichtig mit einem Löffel aushöhlen. Die Tomaten mit der Öffnung nach oben in eine flache, feuerfeste Auflaufform (gefettet) setzen. Die Tomaten innen mit Salz und Pfeffer würzen.

2. Für die Füllung Zwiebel abziehen und klein würfeln. Die Champignons putzen, mit Küchenpapier abreiben, evtl. kurz abspülen, trocken tupfen und in Scheiben schneiden. Pilzscheiben nach Belieben nochmals durchschneiden.

3. Den Backofen vorheizen.
Ober-/Unterhitze: etwa 200 °C
Heißluft: etwa 180 °C

4. Speiseöl in einer Pfanne erhitzen. Zwiebelwürfel darin glasig dünsten. Champignonscheiben zu den Zwiebelwürfeln in die Pfanne geben und unter Rühren mitdünsten lassen. Mehl darüberstäuben, unterrühren und dünsten lassen. Die Champignonmasse mit Salz, Pfeffer und Petersilie würzen. Das ausgehöhlte Tomatenfleisch hinzufügen.

5. Die Champignonmasse in die ausgehöhlten Tomaten füllen.

6. Weißbrotbrösel mit Parmesan-Käse vermischen und auf die Tomaten streuen. Butter in Flöckchen daraufsetzen. Die Tomatendeckel darauflegen.

7. Die Form auf dem Rost in den vorgeheizten Backofen schieben. Die Tomaten **etwa 20 Minuten überbacken.**

Tipp: Zu den Tomaten frischen Feldsalat und Baguette servieren.

Tomaten-Fenchel-Suppe
Einfach – mit Alkohol
2–3 Portionen

Pro Portion: E: 5 g, F: 9 g, Kh: 13 g, kJ: 744, kcal: 178, BE: 0,5

1	Fenchelknolle
1	kleine Zwiebel
2–3	Knoblauchzehen
1	kleine Kartoffel
2 EL	Olivenöl
1 kleine Dose	geschälte Tomaten (Einwaage 220 g)
500 ml (½ l)	Gemüsebrühe
	Salz
	frisch gemahlener Pfeffer
	Zucker
2–4 cl	Pernod (Anislikör)
1	Tomate
einige	Basilikumblättchen

Zubereitungszeit: 10 Minuten
Garzeit: etwa 50 Minuten

1. Fenchelknolle putzen und die Wurzelenden gerade schneiden. Fenchelknolle abspülen, abtropfen lassen, halbieren und in dünne Scheiben schneiden. Zwiebel und Knoblauch abziehen und beides in kleine Würfel schneiden. Kartoffel waschen, schälen, abspülen, abtropfen lassen und in erbsengroße Würfel schneiden.

2. Öl in einem Topf erhitzen. Fenchelscheiben, Zwiebel-, Knoblauch- und Kartoffelwürfel darin etwa 10 Minuten, ohne Farbe nehmen zu lassen, andünsten.

3. Tomaten hinzugeben, zum Kochen bringen und etwa 10 Minuten bei schwacher Hitze kochen lassen. Brühe hinzugießen, umrühren, wieder zum Kochen bringen und zugedeckt etwa 30 Minuten kochen lassen. Die Suppe mit einem Stabmixer glatt pürieren. Mit Salz, Pfeffer, 1 Prise Zucker und Pernod abschmecken.

4. Tomate abspülen, abtrocknen, halbieren und den Stängelansatz herausschneiden. Tomatenhälften in Würfel schneiden. Basilikumblättchen abspülen und trocken tupfen. Die Blättchen in Streifen schneiden. Tomaten-Fenchel-Suppe mit den Tomatenwürfeln und Basilikumstreifen anrichten.

Tomaten-Kokos-Suppe
Raffiniert
4 Portionen

Pro Portion: E: 6 g, F: 45 g, Kh: 10 g, kJ: 1979, kcal: 479, BE: 0,5

2 Dosen	geschälte Tomaten (Abtropfgewicht je 240 g)
2 walnussgroße Stücke	Ingwerwurzel
2 EL	Speiseöl
2 gestr. TL	rote Currypaste (erhältlich im Asialaden)
800 ml	Kokosmilch
2 TL	gekörnte Gemüsebrühe
½ TL	Cumin (Kreuzkümmel)
1	Bio-Limette (unbehandelt, ungewachst)
1 Msp.	Chilipulver
1 Prise	Zucker
150 g	Crème légère
1 Handvoll	gehackte Korianderblättchen

Zubereitungszeit: 20 Minuten
Garzeit: 8–10 Minuten

1. Die Tomaten in einem Sieb gut abtropfen lassen. Ingwer schälen, abspülen, trocken tupfen und mit einer Haushaltsreibe fein reiben.

2. Speiseöl in einem Topf erhitzen. Ingwer und die Currypaste darin kurz unter Rühren andünsten. Abgetropfte Tomaten, Kokosmilch, gekörnte Brühe und Cumin hinzugeben. Die Zutaten unter Rühren aufkochen lassen. Den Topf von der Kochstelle nehmen. Die Tomaten-Kokos-Masse mit einem Stabmixer pürieren und nochmals 8–10 Minuten unter gelegentlichem Rühren bei schwacher Hitze köcheln lassen.

3. Limette heiß abwaschen, abtrocknen und die Schale abreiben. Limette halbieren und den Saft auspressen.

4. Die Suppe mit Chili, Limettenschale, -saft und Zucker abschmecken. Die Suppe in 4 Suppentellern verteilen. Mit je 1 Teelöffel Crème légère und etwas Koriander anrichten.

Tomatensalat mit Knusper-Croûtons

Schnell – raffiniert
4 Portionen

Pro Portion: E: 10 g, F: 31 g, Kh: 12 g, kJ: 1544, kcal: 368, BE: 0,5

8	mittelgroße Strauchtomaten
1	reife Avocado
1 EL	Zitronensaft
	Salz, frisch gemahlener Pfeffer
150 g	Schafkäse
2	Schalotten
1	Knoblauchzehe
2 EL	weißer Balsamico-Essig
4 EL	Olivenöl
2 Scheiben	Mehrkorntoast
5 Stängel	glatte Petersilie

Zubereitungszeit: 20 Minuten

1. Tomaten abspülen, trocken tupfen, halbieren und die Stängelansätze herausschneiden. Tomatenhälften in fingerdicke Scheiben schneiden. Eine große Salatplatte mit den Tomatenscheiben auslegen.

2. Avocado in der Mitte längs durchschneiden und den Stein herauslösen. Avocadohälften schälen und in Spalten schneiden.

3. Avocadospalten sofort mit Zitronensaft beträufeln, mit Salz und Pfeffer würzen und auf den Tomatenscheiben anrichten. Den Schafkäse in kleine Würfel schneiden und darauf verteilen.

4. Schalotten und den Knoblauch abziehen, in kleine Würfel schneiden. Essig mit Schalotten-, Knoblauchwürfeln, Salz und Pfeffer verrühren. 2 Esslöffel des Olivenöls unterschlagen. Den Salat mit der Marinade beträufeln.

5. Restliches Olivenöl in einer Pfanne erhitzen. Toastbrotscheiben in kleine Würfel schneiden und in dem heißen Olivenöl von allen Seiten knusprig braun braten, dabei ständig wenden.

6. Petersilie abspülen und trocken tupfen. Die Blättchen von den Stängeln zupfen. Blättchen klein schneiden. Die Croûtons auf dem Tomatensalat verteilen und mit Petersilie bestreuen.

7. Den Tomatensalat kräftig mit Pfeffer würzen und sofort servieren.

Überbackene Farfalle mit Tomaten-Pesto-Ragout

Etwas Besonderes
4 Portionen

Pro Portion: E: 42 g, F: 26 g, Kh: 57 g, kJ: 2700, kcal: 644, BE: 4,0

2 ½ l	Wasser
2 ½ gestr. TL	Salz
250 g	Farfalle (Schleifchennudeln)
½ Bund	Frühlingszwiebeln
6	kleine Fleischtomaten
1	mittelgroße Aubergine
2 EL	Olivenöl
	Salz
	frisch gemahlener Pfeffer
1 Prise	Zucker
3 EL	Basilikum-Pesto (aus dem Glas)
125 g	Mozzarella-Käse
4–5 EL	frisch geriebener Parmesan-Käse

Zubereitungszeit: 20 Minuten
Überbackzeit: 15–20 Minuten

1. Wasser in einem großen Topf mit geschlossenem Deckel zum Kochen bringen. Dann Salz und Nudeln hinzugeben. Die Nudeln im geöffneten Topf bei mittlerer Hitze nach Packungsanleitung kochen lassen, dabei zwischendurch 4–5-mal umrühren.

2. Anschließend die Nudeln in ein Sieb geben, mit heißem Wasser abspülen und abtropfen lassen.

3. In der Zwischenzeit die Frühlingszwiebeln putzen, abspülen, abtropfen lassen und in Ringe schneiden. Tomaten abspülen, trocken tupfen, halbieren und die Stängelansätze herausschneiden. Tomatenhälften in grobe Stücke schneiden. Die Aubergine abspülen, abtrocknen und den Stängelansatz entfernen. Aubergine in Würfel schneiden.

4. Den Backofen vorheizen.
Ober-/Unterhitze: etwa 180 °C
Heißluft: etwa 160 °C

5. Einen Esslöffel des Olivenöls in einer Pfanne erhitzen. Frühlingszwiebelringe darin unter Rühren kräftig anbraten und herausnehmen. Restliches Olivenöl in die Pfanne geben und erhitzen. Auberginenwürfel darin kräftig anbraten. Tomatenstücke hinzugeben und mit den Auberginenwürfeln etwa 4 Minuten unter Rühren dünsten. Mit Salz, Pfeffer und Zucker würzen. Pesto unterrühren.

6. Die Nudeln mit den Frühlingszwiebelringen und dem Tomaten-Ragout in eine Auflaufform (gefettet) geben und gut vermischen. Mozzarella abtropfen lassen, in feine Scheiben schneiden und darauf verteilen. Mit Parmesan-Käse bestreuen. Die Form auf dem Rost in den vorgeheizten Backofen schieben. Den Auflauf **15–20 Minuten überbacken.**

Tipps: Zusätzlich noch 2–3 Esslöffel schwarze Oliven unter das Tomaten-Ragout mischen. Wenn Sie keine Farfalle im Haus haben – Penne, kurze Makkaroni, Hörnchennudeln oder Spirelli passen ebenso gut.

Vegi-Wraps
Für Kinder – einfach
4 Portionen

Pro Portion: E: 19 g, F: 34 g, Kh: 56 g, kJ: 2534, kcal: 606, BE: 4,5

1 Dose	Gemüsemais (Abtropfgewicht 140 g)
175 g	Joghurt-Salatcreme
100 g	Joghurt
	Salz, frisch gemahlener Pfeffer
evtl. 1 Prise	Currypulver
½	Eisbergsalat
2	mittelgroße Möhren
1	gelbe Paprikaschote
6–8	Weizen-Tortilla-Fladen (aus dem Brotregal)
150 g	frisch geriebener Käse, z. B. mittelalter Gouda oder Emmentaler

Zubereitungszeit: 15 Minuten

1. Mais in einem Sieb abtropfen lassen. Salatcreme mit Joghurt in einer Schüssel verrühren. Mit Salz, Pfeffer und evtl. 1 Prise Curry würzen. Mais untermischen.

2. Salat putzen, abspülen, abtropfen lassen, trocken tupfen und in feine Streifen schneiden. Möhren putzen, schälen, abspülen, abtropfen lassen und grob raspeln. Paprikaschote halbieren, entstielen, entkernen und die weißen Scheidewände entfernen. Schotenhälften abspülen, abtropfen lassen und in feine, lange Streifen schneiden.

3. Tortilla-Fladen in einer heißen Pfanne ohne Fett nach Packungsanleitung kurz erhitzen, herausnehmen und erkalten lassen. Die Tortilla-Fladen mit den Salatstreifen, Möhrenraspeln und Paprikastreifen belegen. Mais-Joghurt-Salatcreme-Mischung darauf träufeln. Mit Käse bestreuen.

4. Zwei Seiten der Tortilla-Fladen zur Mitte hin leicht einklappen. Tortillas fest aufrollen und nach Belieben in Gläsern servieren.

Tipp: Falls es etwas reichhaltiger sein soll: 2 Eier (Größe M) hart kochen, abschrecken, pellen, in kleine Würfel schneiden und unter die Creme rühren.

Vollkorn-Stulle
Schnell
2 Portionen

Pro Portion: E: 6 g, F: 18 g, Kh: 28 g,
kJ: 1262, kcal: 303, BE: 2,5

1 EL	gehobelte Haselnusskerne
4	getrocknete Softfeigen
4	Basilikumblättchen
4 Scheiben	Körner-Schwarzbrot
100 g	Ziegen-Frischkäse
	frisch gemahlener, schwarzer Pfeffer
1 Stück	Birne (etwa 50 g)
1 TL	Zitronensaft

Zubereitungszeit: 15 Minuten

1. Haselnusskerne in einer Pfanne ohne Fett unter Rühren goldbraun rösten, herausnehmen und auf einem Teller erkalten lassen.

2. Die Feigen in dünne Scheibchen schneiden. Die Basilikumblättchen abspülen, trocken tupfen und grob zerschneiden.

3. Die Schwarzbrotscheiben mit Frischkäse bestreichen und mit Pfeffer bestreuen. Birne heiß abspülen, trocken tupfen, halbieren und entkernen. Birnenstück mit Schale in Streifen schneiden. Birnenstreifen mit Zitronensaft beträufeln.

4. Die Birnenstreifen mit den Feigenscheibchen, Haselnusskernen und dem Basilikum auf dem Frischkäse verteilen. Jeweils 2 belegte Brotscheiben aufeinanderlegen.

Weizenklöße mit Kapern auf Möhrengemüse

Raffiniert
2 Portionen

Pro Portion: E: 30 g, F: 22 g, Kh: 86 g, kJ: 2824, kcal: 675, BE: 6,0

Für die Klöße:
- 125 g vorgegarter Weizen (1 Kochbeutel)

Für das Gemüse:
- 600 g Möhren
- 2 rote Zwiebeln (etwa 200 g)
- etwa 2 ½ l Wasser
- Salz
- 1 Bund Schnittlauch
- 1 EL Kapern (etwa 15 g, aus dem Glas)
- 200 g Magerquark
- 1 Ei (Größe M)
- 30 g Weizenmehl
- frisch gemahlener Pfeffer

- 40 g Butter oder Margarine
- 1 TL Anissamen
- 20 g Zucker
- 50 ml Wasser
- 1–2 EL Zitronensaft

Zubereitungszeit: 60 Minuten
Garzeit: Klöße etwa 12 Minuten, Gemüse etwa 7 Minuten

1. Für die Klöße den Weizen nach Packungsanleitung im Kochbeutel garen. Weizen abtropfen lassen, aus dem Beutel in eine Schüssel geben und etwas abkühlen lassen.

2. Für das Gemüse Möhren putzen, schälen, abspülen, abtropfen lassen und in etwa 5 cm lange Stücke schneiden. Möhrenstücke mit dem Gemüsehobel oder mit einem Messer der Länge nach in dünne Scheiben schneiden.

3. Die Zwiebeln abziehen und in Streifen schneiden.

4. Für die Klöße Wasser in einem breiten Topf zum Kochen bringen. 1–2 Teelöffel Salz hinzugeben. Den Schnittlauch abspülen, trocken tupfen (einige Halme zum Garnieren beiseitelegen) und in feine Röllchen schneiden. Kapern abtropfen lassen und grob hacken.

5. Quark, Ei, Schnittlauchröllchen, Kapern und Mehl zu dem Weizen in die Schüssel geben und gut verrühren. Mit Salz und Pfeffer würzen.

6. Aus der Masse mit einem kalt abgespülten Eiskugelformer (Ø etwa 4 ½ cm) oder zwei kalt abgespülten Esslöffeln etwa 12 Klöße formen, in das siedende Wasser geben und kurz aufkochen lassen.

7. Die Klöße ohne Deckel etwa 12 Minuten bei schwacher bis mittlerer Hitze garen (das Wasser nicht sprudelnd kochen lassen, sonst zerfallen die Klöße).

8. Für das Gemüse Butter oder Margarine zerlassen. Zwiebelstreifen darin etwa 2 Minuten andünsten.

9. Anissamen in einem Mörser grob zerstoßen, mit den Möhrenscheiben zu den Zwiebelstreifen geben. Mit Salz würzen. Das Gemüse zugedeckt etwa 5 Minuten bei mittlerer Hitze dünsten.

10. Das Möhrengemüse mit der Flüssigkeit in eine Schüssel geben und warm halten. Zucker in einem Topf goldbraun karamellisieren. Wasser hinzugeben. Den Topf von der Kochstelle nehmen.

11. Das Möhrengemüse mit der Flüssigkeit in den Topf geben, umrühren und kurz aufkochen. Mit Salz und Zitronensaft abschmecken.

12. Die Klöße mit einem Schaumlöffel aus dem Salzwasser nehmen und abtropfen lassen.

13. Weizenklöße mit dem Gemüse anrichten und mit den beiseitegelegten Schnittlauchhalmen garnieren.

Tipps: Vorgegarten Weizen finden Sie im Supermarkt meistens beim Reis. Übrig gebliebene kalte Klöße können Sie halbieren und in etwas Butterschmalz oder Olivenöl braten. Sie schmecken auch gut zu gemischtem Blatt- oder Tomatensalat.

Weizensuppe mit getrockneten Steinpilzen und Tomaten

Einfach
4 Portionen

Pro Portion: E: 14 g, F: 12 g, Kh: 43 g, kJ: 1430, kcal: 342, BE: 3,0

250 g	Weizenkörner
20 g	getrocknete Steinpilze
2	Zwiebeln (etwa 100 g)
3 EL	Olivenöl
1 Msp.	getrocknete Chiliflocken
½ TL	gerebelter Thymian
1 l	Gemüsebrühe
2 Stangen	Porree ([Lauch], etwa 350 g)
250 g	Strauchtomaten
3 Stängel	Basilikum
	Salz
	frisch gemahlener Pfeffer
30 g	Parmesan-Käse (am Stück)

Zubereitungszeit: 35 Minuten, ohne Einweichzeit
Garzeit: etwa 70 Minuten

1. Weizen in eine flache Schüssel geben, etwa 3 cm hoch mit Wasser übergießen und mindestens 12 Stunden (am besten über Nacht) einweichen.

2. Steinpilze kurz mit kaltem Wasser abspülen und abtropfen lassen. Eingeweichten Weizen in einem Sieb abtropfen lassen.

3. Zwiebeln abziehen und in grobe Würfel schneiden. Olivenöl in einem Topf erhitzen. Zwiebelwürfel, Chiliflocken und Thymian darin andünsten. Weizen hinzugeben und kurz mitdünsten lassen.

4. Die Steinpilze und Gemüsebrühe hinzugeben, zum Kochen bringen. Die Suppe zugedeckt etwa 60 Minuten bei schwacher Hitze kochen.

5. In der Zwischenzeit Porree putzen, die Stangen längs halbieren, gründlich waschen, abtropfen lassen und quer in etwa 1 cm breite Stücke schneiden. Tomaten abspülen, trocken tupfen, halbieren und die Stängelansätze entfernen. Tomatenhälften entkernen. Kerne durch ein Sieb streichen und den Saft auffangen. Tomatenhälften in Spalten schneiden.

6. Porreestücke in die Suppe geben und etwa 5 Minuten mitgaren. Basilikum abspülen und trocken tupfen. Die Blättchen von den Stängeln zupfen. Blättchen in Streifen schneiden.

7. Tomatenspalten mit dem aufgefangenen Tomatensaft in die Suppe geben und weitere etwa 5 Minuten bei schwacher Hitze kochen. Die Suppe mit Salz und Pfeffer abschmecken.

8. Käse hobeln oder raspeln. Käse und Basilikumstreifen kurz vor dem Servieren auf die Suppe streuen.

Yufkarollen mit Gemüse-Feta-Füllung

Raffiniert
4 Portionen

Pro Portion: E: 22 g, F: 34 g, Kh: 96 g, kJ: 3311, kcal: 791, BE: 8,0

1 Glas	geröstete Paprikahälften (Abtropfgewicht 450 g)
2	Knoblauchzehen
2	kleine Tomaten
½ Bund	glatte Petersilie
200 g	Fetakäse
½ TL	fein abgeriebene Schale von
1	Bio-Zitrone (unbehandelt, ungewachst)
	frisch gemahlener Pfeffer
evtl. etwas	gemahlener Kreuzkümmel (Cumin)
8–12	große, runde Yufka-Teigblätter (erhältlich in türkischen Lebensmittelläden)
etwa 250 ml (¼ l)	Speiseöl, z. B. Sonnenblumenöl

Zubereitungszeit: 20 Minuten
Garzeit: 2–5 Minuten

1. Paprikahälften in einem Sieb gut abtropfen lassen und mit Küchenpapier trocken tupfen. Den Knoblauch abziehen und sehr fein würfeln.

2. Tomaten abspülen, abtropfen lassen, halbieren und die Stängelansätze herausschneiden. Tomatenhälften in sehr kleine Würfel schneiden. Paprikahälften nach Belieben längs in feine Streifen schneiden. Petersilie abspülen und trocken tupfen. Die Blättchen von den Stängeln zupfen. Blättchen grob zerschneiden.

3. Fetakäse fein zerbröseln und in eine Schüssel geben. Petersilie und Zitronenschale untermischen. Mit Pfeffer und nach Belieben mit Kreuzkümmel würzen.

4. Yufka-Teigblätter auf der Arbeitsfläche ausbreiten und dünn mit Speiseöl bestreichen. Jeweils 2 Teigblätter übereinanderlegen. Mit einem scharfen Messer in Viertel schneiden. Vorbereitete Gemüsezutaten und die Feta-Petersilien-Mischung auf den runden Seiten der einzelnen Teigstücke verteilen, dabei die Teigränder jeweils etwas frei lassen. Die Seiten etwas einklappen. Die Teigdreiecke je zur Spitze hin aufrollen. Die Ränder leicht andrücken.

5. Jeweils etwas Speiseöl in einer großen Pfanne erhitzen. Die Teigrollen darin portionsweise schwimmend etwa 2 Minuten von allen Seiten knusprig braun braten. Yufkarollen mit einem Schaumlöffel herausnehmen, auf Küchenpapier legen und abtropfen lassen.

Tipps: Zu den Yufkarollen schmeckt ein frischer, würziger **Joghurt-Kräuter-Dip.** Dazu 200 g Joghurt mit Salz, Pfeffer und 1 zerdrückten Knoblauchzehe verrühren. 2 Esslöffel Olivenöl und gehackte Kräuter nach Geschmack, z. B. Basilikum, Petersilie, Koriander oder Minze, gut unterrühren. Mit einem würzigen Tomaten- oder Gurkensalat serviert, wird aus den Yufkarollen ein schneller, sommerlicher Mittags- oder Abend-Snack. Die Yufkarollen schmecken auch kalt sehr gut.

Z

Zucchini mit Kürbis-Paprika-Gemüse
Dauert länger
12 Portionen

Pro Portion: E: 7 g, F: 7 g, Kh: 40 g, kJ: 1056, kcal: 253, BE: 3,0

12	kleine Zucchini (etwa 1,2 kg)
	Salz

Für die Füllung:

500 g	Langkornreis
1 Dose	Tomaten (Einwaage 400 g)
1 Bund	glatte Petersilie
	gerebelter Thymian
	gerebelter Majoran
	frisch gemahlener Pfeffer

Für das Gemüse:

1 Glas	Kürbisstücke (Abtropfgewicht etwa 400 g)
je 4	rote und grüne Paprikaschoten (etwa 800 g)
2	mittelgroße Zwiebeln
4 EL	Olivenöl
3 EL	Tomatenmark
400 ml	Gemüsebrühe

Zubereitungszeit: 70 Minuten, ohne Abkühlzeit
Garzeit: etwa 40 Minuten

1. Zucchini abspülen, abtrocknen und die Enden abschneiden. Zucchini längs halbieren und eine dünne Standfläche abschneiden. Zucchinihälften in kochendem Salzwasser etwa 5 Minuten kochen, in einem Sieb abtropfen und etwas abkühlen lassen. Aus den Zucchinihälften mithilfe eines Teelöffels etwas Fruchtfleisch herausschaben. Dabei darauf achten, dass eine gleichmäßig starke Wand stehen bleibt. Herausgenommenes Fruchtfleisch klein schneiden.

2. Für die Füllung den Reis in kochendem Salzwasser in 12–15 Minuten bissfest kochen. Anschließend in einem Sieb abtropfen lassen. Tomaten ebenfalls abtropfen lassen und klein schneiden. Die Petersilie abspülen und trocken tupfen. Die Blättchen von den Stängeln zupfen. Blättchen klein schneiden.

3. Reis mit Tomatenstücken, Zucchinifleisch, Petersilie, Thymian und Majoran mischen. Mit Salz und Pfeffer würzen. Die vorbereiteten Zucchinihälften mit der Mischung füllen.

4. Den Backofen vorheizen.
Ober-/Unterhitze: etwa 180 °C
Heißluft: etwa 160 °C

5. Für das Gemüse die Kürbisstücke in einem Sieb abtropfen lassen. Kürbisstücke nochmals halbieren. Paprikaschoten halbieren, entstielen, entkernen und die weißen Scheidewände entfernen. Schotenhälften abspülen, abtropfen lassen und in grobe Würfel schneiden.

6. Zwiebeln abziehen und klein würfeln. Etwas Olivenöl in einer hitzebeständigen Auflaufform erhitzen. Die Zwiebelwürfel und Paprikastücke darin unter Rühren andünsten, Tomatenmark untermischen. Gemüsebrühe hinzugießen und vermengen. Die gefüllten Zucchinihälften daraufsetzen und mit restlichem Olivenöl beträufeln. Die Form auf dem Rost in den vorgeheizten Backofen schieben. Die Zucchini **etwa 40 Minuten garen.**

7. Nach etwa 30 Minuten Garzeit die Kürbisstücke zu dem Gemüse in die Auflaufform geben und fertig garen. Gemüse nochmals mit Salz und Pfeffer abschmecken.

Zwiebelsuppe

Mit Alkohol
2 Portionen

Pro Portion: E: 20 g, F: 47 g, Kh: 31 g, kJ: 2682, kcal: 641, BE: 1,0

2	große Gemüsezwiebeln oder 4 kleine Zwiebeln
50 g	Butter
	Salz
1 EL	Port- oder Weißwein
1 EL	Balsamico-Essig
600 ml	Gemüsebrühe
1	Lorbeerblatt
1 kleines Bund	Suppengrün (Möhre, Sellerie, Porree)
1 Zweig	Thymian
4 Scheiben	Baguette oder 2 Scheiben Toastbrot
etwa 90 g	frisch geriebener Gruyère-Käse oder ein anderer würziger Käse
	frisch gemahlener Pfeffer
2 TL	frisch gehackte Petersilie

Zubereitungszeit: 25 Minuten
Garzeit: 45–60 Minuten

1. Die Zwiebeln abziehen, zuerst in dünne Scheiben schneiden, dann in Ringe teilen. Butter in einem Topf zerlassen und leicht bräunen lassen. Die Zwiebelringe darin unter Rühren 10–15 Minuten anbraten, bis sie weich und braun sind. Mit Salz würzen.

2. Zwiebeln mit Wein und Essig ablöschen. Darauf achten, dass sich die Röststoffe vom Boden lösen. Evtl. mit einem Holzschaber/-spachtel loskratzen. Brühe und Lorbeerblatt hinzugeben.

3. Das Suppengrün putzen, schälen, abspülen und abtropfen lassen. Thymian abspülen und trocken tupfen. Suppengrün und den Thymianzweig mit Küchengarn zusammenbinden, in die Suppe geben und zum Kochen bringen. Die Suppe 45–60 Minuten mit schräg aufliegendem Deckel köcheln lassen.

4. Den Backofen vorheizen.
Ober-/Unterhitze: etwa 220 °C
Heißluft: etwa 200 °C

5. In der Zwischenzeit die Käsecroûtons vorbereiten. Dafür die Baguette- oder Toastbrotscheiben dick mit dem geriebenen Käse bestreuen und auf ein Backblech legen. Das Backblech kurz vor Ende der Zwiebelsuppen-Kochzeit in den vorgeheizten Backofen schieben. Die Brotscheiben so lange überbacken, bis der Käseberg flach geschmolzen ist. Das Backblech aus dem Backofen nehmen.

6. Nach Belieben den geschmolzenen Käse so lange mit einem Küchenbrenner bearbeiten, bis der Käse Blasen wirft, braun wird und an einigen Stellen sogar verbrennt.

7. Suppengrün mit dem Thymianzweig und Lorbeerblatt aus der Suppe entfernen. Die Zwiebelsuppe nochmals mit Salz und Pfeffer abschmecken. Die Zwiebelsuppe in Suppentassen oder -teller füllen. Jeweils einen gebrannten Croûton in der Suppe schwimmen lassen. Zwiebelsuppe mit gehackter Petersilie bestreuen.

Zwiebeltarte mit Feigen
Etwas Besonderes
8 Stück

Pro Stück: E: 10 g, F: 18 g, Kh: 41 g, kJ: 1530, kcal: 366, BE: 3,0

Für den Belag:
- 600 g rote Zwiebeln
- 3 Stängel Rosmarin
- 8 Stängel Thymian
- 2 EL Olivenöl
- 500 ml (½ l) roter Traubensaft
- Salz
- frisch gemahlener Pfeffer

Für den Quark-Öl-Teig:
- 150 g Dinkelmehl (Type 630)
- 1 gestr. TL Dr. Oetker Backin
- 80 g Magerquark
- 50 ml Milch
- 50 ml Speiseöl, z. B. Sonnenblumenöl

- 1 EL Semmelbrösel

- 8 reife Feigen (etwa 500 g)
- 150 g Schafkäse
- 50 g Walnusskerne
- 2 EL Weizenmehl

Zubereitungszeit: 60 Minuten
Backzeit: etwa 30 Minuten

1. Für den Belag Zwiebeln abziehen und in Spalten schneiden. Rosmarin und Thymian abspülen, trocken tupfen. Die Blättchen bzw. Nadeln von den Stängeln zupfen. Einige Thymianblättchen und Rosmarinnadeln zum Garnieren beiseitelegen.

2. Olivenöl in einem breiten Topf erhitzen. Zwiebelspalten, Thymianblättchen und Rosmarinnadeln darin kurz andünsten. Die Hälfte des Traubensaftes hinzugießen und zum Kochen bringen. Die Zwiebelspalten zugedeckt etwa 20 Minuten bei mittlerer Hitze garen. Mit Salz und Pfeffer würzen. Zwiebelspalten in einem Sieb abtropfen lassen, dabei den Sud auffangen, Zwiebelspalten etwas abkühlen lassen.

3. Für den Teig Mehl mit Backpulver und ½ gestrichenen Teelöffel Salz in einer Rührschüssel mischen. Quark, Milch und Speiseöl hinzufügen.

4. Die Zutaten mit Handrührgerät mit Knethaken zunächst kurz auf niedrigster, dann auf höchster Stufe zu einem glatten Teig verarbeiten (nicht zu lange, der Teig klebt sonst).

5. Den Backofen vorheizen.
Ober-/Unterhitze: etwa 200 °C
Heißluft: etwa 180 °C

6. Den Teig auf einer leicht bemehlten Arbeitsfläche zu einer runden Platte (Ø etwa 32 cm) ausrollen und in eine Tarteform (Ø 28 cm, gefettet, mit Semmelbröseln bestreut) legen. Den Rand dabei andrücken. Teigboden mehrmals mit einer Gabel einstechen.

7. Feigen abspülen, abtrocknen und evtl. die Haut abziehen. Feigen entstielen und halbieren. Schafkäse trocken tupfen. Walnusskerne grob hacken.

8. Mehl unter die lauwarmen Zwiebelspalten heben. Zwiebelspalten auf dem Teig verteilen. Die Feigen mit der Schnittfläche nach oben darauflegen. Walnusskerne in die Zwischenräume geben. Schafkäse grob zerbröseln und auf den Zwiebelspalten und Feigen verteilen.

9. Die Form auf dem Rost in den vorgeheizten Backofen (untere Schiene) schieben. Zwiebeltarte **etwa 30 Minuten backen.**

10. In der Zwischenzeit den restlichen Traubensaft und aufgefangenen Zwiebelsud in einen weiten Topf geben, zum Kochen bringen und so lange einkochen lassen, bis dickflüssiger Sirup entstanden ist (etwa 3 Esslöffel).

11. Die Form auf einen Rost stellen. Die Tarte in Stücke schneiden, mit beiseitegelegten Kräutern garnieren und mit dem Sirup beträufeln.

12. Sollte der Sirup zu fest geworden sein, etwas Wasser unter den Sirup geben und unter Rühren kurz erhitzen.

Register

Suppen und Eintöpfe

Bohnensuppe mit getrockneten Tomaten und Petersilien-Püree.	16
Brokkoli-Käse-Suppe	17
Butternut-Soup	23
Channa Dal (Indische gelbe Erbsensuppe)	28
Erbsen-Buttermilch-Suppe	34
Erbsensuppe für Eilige	35
Frische Tomatensuppe mit Käsecroûtons	38
Gemüsesuppe mit Grießnocken	56
Indische gelbe Erbsensuppe (Channa Dal)	28
Japanischer Tofu-Eintopf	75
Kartoffel-Ingwer-Suppe	79
Kartoffel-Pilz-Topf	82
Kartoffelsuppe	87
Käsesuppe mit Croûtons und Frühlingszwiebeln	92
Kichererbseneintopf	94
Kichererbsen-Sambal	97
Kokosmilch-Pilaw	102
Radieschensuppe	116
Ratatouille-Suppe	119
Rote Linsensuppe	123
Schnelle Erbsensuppe	127
Spargelcremesuppe	134
Tomaten-Fenchel-Suppe	142
Tomaten-Kokos-Suppe	143
Weizensuppe mit getrockneten Steinpilzen und Tomaten	150
Zwiebelsuppe	153

Salate

Ananas-Kraut-Salat mit Paprikastreifen	6
Apfel-Käse-Salat	8
Apfel-Möhren-Salat mit Honig-Sesam-Dressing	9
Asiatischer Schichtsalat	11
Bulgursalat	19
Bunter Tortellini-Salat	21
Champignon-Reis-Salat	55
Champignon-Zucchini-Salat	36
Eisberg-Camembert-Salat mit Joghurt-Senf-Dressing	120
Eisbergsalat mit fruchtigem Dressing	33
Gemischter Blattsalat	13
Glasnudel-Rohkost	58
Kartoffel-Gemüse-Salat mit Senfmarinade	77
Kartoffel-Gurken-Salat	78
Krautsalat	103
Römersalat mit Zucchini und gebratenen Mozzarella-Streifen	122
Salattorte mit Schafkäse	124
Sauerkraut-Feigen-Salat	125
Sommerlicher Bulgursalat	131
Spaghetti-Salat mit Joghurtpesto	132
Spinat-Orangen-Salat	136
Tomatensalat mit Knusper-Croûtons	144

Aus dem Ofen

Apfelauflauf	7
Auberginen-Tomaten-Auflauf	13
Cannelloni mit Ricotta und Pilzen	24
Champignon-Zucchini-Auflauf	27
Eierkuchenauflauf	31
Gebackene Kartoffelspalten mit Avocadodip	40
Gefüllte Mangoldpäckchen auf Gemüse	48
Gemischtes, gedünstetes Kohlgemüse	49
Geschmortes Ofengemüse mit Walnusspesto	57
Gratinierte Möhren mit Quinoa und Schafkäse	59
Gratinierte Pfannkuchentürme	60
Gratinierter Spargel	62
Gratiniertes Brokkoli-Kartoffel-Pfännchen	63
Griechische Pfannkuchenröllchen	64
Grünkernauflauf mit Wirsingstreifen	66
Grün-weißer Kohlauflauf	67
Herzhafte Reisberge	69

Register

Kartoffel-Sahne-Tortilla 86
Kartoffeltarte 89
Kürbisgratin 104
Ofenkartoffeln mit Linsen- und Petersiliendip 110
Reis-Gemüse-Auflauf 120
Rhabarber-Ofenschlupfer 121
Schmorgurken mit Feta-Reis-Füllung 126
Spargeltarte 135
Spitzkohlauflauf mit Pilzen und Möhren 137
Steckrüben-Steinpilz-Auflauf 138
Steinpilz-Brokkoli-Auflauf 139
Tomaten mit Champignonfüllung 141
Überbackene Farfalle mit
   Tomaten-Pesto-Ragout 145
Zucchini mit Kürbis-Paprika-Gemüse 152
Zwiebeltarte mit Feigen 154

Aus der Pfanne

Apfel-Waldpilz-Kaiserschmarrn 10
Bulgur-Küchlein mit Green Bull 18
Champignon-Frikadellen 26
Currykartoffeln 29
Gebackene Käsewürfel auf Kohlrabiragout 41
Gebackene Rote Bete mit Nuss-Schmand 42
Gebratener Mandel-Tofu 14
Gebratener Tofu mit Grünkern-Gemüse 45
Gebratenes Gemüse mit Sesam-Grießnocken ... 46
Gefüllte Kartoffelplätzchen 47
Gemüseschnitzel 55
Hafer-Quark-Keulchen mit Kompott 68
Hirse-Möhren-Puffer mit
   Champignon-Gemüse 71
Kartoffel-Omelett mit Steinpilzen
   und karamellisierten Walnusskernen 80
Kartoffelpuffer mit dreierlei Blitz-Salsa 83
Kartoffel-Rösti mit
   Chicorée-Petersilien-Salat 84

Kichererbsenpuffer mit Möhrensalat 96
Rosmarin-Kartoffeln 140
Schnelles Pfannengemüse mit kaltem
   Orangen-Couscous 128
Sommergemüse mit Knusperkernen 130

Für Gäste

Basilikum-Reis-Bällchen auf Tomaten-Porree 14
Bunter Safran-Reis 20
Buntes Paprikagemüse mit
   Buchweizengrütze 22
Cannelloni mit Ricotta und Pilzen 24
Eingelegter Tofu mit Bohnengemüse 32
Frühlingszwiebeln in Bierteig 39
Gemüsecurry mit Brokkoli und Minz-Joghurt ... 51
Grob gestampftes Kartoffelpüree mit
   Tapenade und getrockneten Tomaten 65
Hirseteller 72
Hirsetopf mit Spargel und Brokkoli 73
Indisches Kürbiscurry 74
Kartoffel-Pastinaken-Stampf mit
   weiß-grünem Gemüse 81
Kokosmilchnudeln mit Früchten 101
Kürbis-Orangen-Risotto mit
   gebratenem Rotkohl 107
Linguini mit Tomatensugo und Picandou 108
Nudeln mit Kürbis-Oliven-Sauce 109
Panzanella 112
Pasta mit Gorgonzola-Möhren-Sauce 113
Penne all'arrabbiata 114
Pizza-Risotto mit Mozzarella-
   und Tomatenstückchen 115
Rahmspinat mit gebackenem Ei 117
Ratatouille 118
Spargel mit fruchtigem Linsengemüse 133
Tofu-Gemüse-Ragout 140
Weizenklöße mit Kapern auf Möhrengemüse ... 148

Register

Beilagen

Champignon-Reis-Salat	55
Champignon-Zucchini-Salat	36
Eisberg-Camembert-Salat mit Joghurt-Senf-Dressing	120
Erbsen in Parmesansauce	47
Gebratener Mandel-Tofu	14
Gemischter Blattsalat	13
Kartoffelbrei (Kartoffelpüree)	30
Joghurt-Kräuter-Dip	151
Kräuterquark	55
Olivensalsa	91
Paprikasalsa	90
Rosmarin-Kartoffeln	140
Tomatensalsa	91

Snacks

Falafel (Kichererbsenbällchen)	36
Falafel-Tasche	36
Gemüsemuffins mit Käsedip	52
Herzhafte Reisberge	69
Käsestangen mit verschiedenen Saucen	90
Käse-Zwiebel-Muffins mit Tomaten-Chutney	93
Kichererbsenbällchen (Falafel)	36
Kleine Pilzquiches	98
Knusper-Päckchen	99
Kürbiskernbrötchen	105
Soleier mit Hoisin-Sauce	129
Vegi-Wraps	146
Vollkorn-Stulle	147
Yufkarollen mit Gemüse-Feta-Füllung	151

Mit Ei

Apfel-Waldpilz-Kaiserschmarrn	10
Auberginen-Tomaten-Auflauf	13
Basilikum-Reis-Bällchen auf Tomaten-Porree	14
Brokkoli-Käse-Suppe	17
Bulgur-Küchlein mit Green Bull	18
Champignon-Frikadellen	26
Champignon-Zucchini-Auflauf	27
Eier in Senfsauce mit Kartoffelbrei	30
Eier mit Kräutersauce	30
Eierkuchenauflauf	31
Frühlingszwiebeln in Bierteig	39
Gebackene Käsewürfel auf Kohlrabiragout	41
Gebackene Rote Bete mit Nuss-Schmand	42
Gebratener Tofu mit Grünkern-Gemüse	45
Gebratenes Gemüse mit Sesam-Grießnocken	46
Gemüsemuffins mit Käsedip	52
Gemüseschnitzel	55
Gemüsesuppe mit Grießnocken	56
Gratinierte Pfannkuchentürme	60
Griechische Pfannkuchenröllchen	64
Grünkernauflauf mit Wirsingstreifen	66
Hafer-Quark-Keulchen mit Kompott	68
Herzhafte Reisberge	69
Hirse-Möhren-Puffer mit Champignon-Gemüse	71
Kartoffel-Ei-Curry mit Erbsen	76
Kartoffel-Omelett mit Steinpilzen und karamellisierten Walnusskernen	80
Kartoffelpuffer mit dreierlei Blitz-Salsa	83
Kartoffel-Rösti mit Chicorée-Petersilien-Salat	84
Kartoffel-Sahne-Tortilla	86
Kartoffeltarte	89
Käsestangen mit verschiedenen Saucen	90
Kichererbsenpuffer mit Möhrensalat	96
Kleine Pilzquiches	98
Knusper-Päckchen	99
Kohlrabi-Kartoffel-Zuckererbsen mit pochiertem Ei	100
Kürbiskernbrötchen	105
Rahmspinat mit gebackenem Ei	117
Reis-Gemüse-Auflauf	120

Register

Rhabarber-Ofenschlupfer 121
Römersalat mit Zucchini und gebratenen
    Mozzarella-Streifen 122
Salattorte mit Schafkäse 124
Soleier mit Hoisin-Sauce 129
Spaghetti-Salat mit Joghurtpesto 132
Spargel mit fruchtigem Linsengemüse 133
Spargelcremesuppe 134
Spargeltarte 135
Weizenklöße mit Kapern auf Möhrengemüse 148

Mit Käse

Apfelauflauf 7
Apfel-Käse-Salat 8
Basilikum-Reis-Bällchen auf Tomaten-Porree ... 14
Bohnensuppe mit getrockneten
    Tomaten und Petersilien-Püree 16
Bulgur-Küchlein mit Green Bull 18
Bunter Tortellini-Salat 21
Cannelloni mit Ricotta und Pilzen 24
Champignon-Zucchini-Auflauf 27
Eierkuchenauflauf 31
Frische Tomatensuppe mit Käsecroûtons 38
Gebackene Käsewürfel auf Kohlrabiragout 41
Gefüllte Kartoffelplätzchen 47
Gemüsemuffins mit Käsedip 52
Geschmortes Ofengemüse mit Walnusspesto 57
Gratinierte Möhren mit Quinoa und
    Schafkäse 59
Gratinierte Pfannkuchentürme 60
Gratinierter Spargel 62
Gratiniertes Brokkoli-Kartoffel-Pfännchen 63
Griechische Pfannkuchenröllchen 64
Grünkernauflauf mit Wirsingstreifen 66
Grün-weißer Kohlauflauf 67
Hirseteller 72
Hirsetopf mit Spargel und Brokkoli 73
Kartoffelpuffer mit dreierlei Blitz-Salsa 83
Käsestangen mit verschiedenen Saucen 90
Käsesuppe mit Croûtons und
    Frühlingszwiebeln 92
Käse-Zwiebel-Muffins mit Tomaten-Chutney ... 93
Kleine Pilzquiches 98
Linguini mit Tomatensugo und Picandou 108
Panzanella 112
Pasta mit Gorgonzola-Möhren-Sauce 113
Penne all'arrabbiata 114
Pizza-Risotto mit Mozzarella- und
    Tomatenstückchen 115
Rahmspinat mit gebackenem Ei 117
Ratatouille-Suppe 119
Reis-Gemüse-Auflauf 120
Römersalat mit Zucchini und
    gebratenen Mozzarella-Streifen 122
Salattorte mit Schafkäse 124
Schmorgurken mit Feta-Reis-Füllung 126
Schnelle Erbsensuppe 127
Sommerlicher Bulgursalat 131
Spaghetti-Salat mit Joghurtpesto 132
Spargeltarte 135
Spitzkohlauflauf mit Pilzen und Möhren 137
Steckrüben-Steinpilz-Auflauf 138
Steinpilz-Brokkoli-Auflauf 139
Tomaten mit Champignonfüllung 141
Tomatensalat mit Knusper-Croûtons 144
Tomatensalsa 91
Überbackene Farfalle mit
    Tomaten-Pesto-Ragout 145
Vegi-Wraps 146
Vollkorn-Stulle 147
Weizensuppe mit getrockneten
    Steinpilzen und Tomaten 150
Yufkarollen mit Gemüse-Feta-Füllung 151
Zwiebelsuppe 153
Zwiebeltarte mit Feigen 154

Für Fragen, Vorschläge oder Anregungen stehen Ihnen der Verbraucherservice der Dr. Oetker Versuchsküche Telefon: 00800 71 72 73 74 Mo.–Fr. 8:00–18:00 Uhr, Sa. 9:00–15:00 Uhr (gebührenfrei in Deutschland) oder die Mitarbeiter des Dr. Oetker Verlages Telefon: +49 (0) 521 52 06 50 Mo.–Fr. 9:00–15:00 Uhr zur Verfügung.

Oder schreiben Sie uns:
Dr. Oetker Verlag KG, Am Bach 11, 33602 Bielefeld oder besuchen Sie uns im Internet unter www.oetker-verlag.de oder www.oetker.de.

Umwelthinweis	Dieses Buch und der Einband wurden auf chlorfrei gebleichtem Papier gedruckt. Die Einschrumpffolie – zum Schutz vor Verschmutzung – ist aus umweltfreundlichem und recyclingfähigem PE-Material.
Copyright	© 2011 by Dr. Oetker Verlag KG, Bielefeld
Redaktion	Carola Reich, Annette Riesenberg
Innenfotos	Walter Cimbal, Hamburg (S. 8, 9, 53, 56, 74, 77, 78, 79, 90, 92, 93, 103, 105, 123, 129, 132, 135, 136, 141)
	Thomas Diercks, Kai Boxhammer, Christiane Krüger, Hamburg (S. 6, 10, 11, 19, 21, 33, 35, 38, 43, 62, 64, 68, 76, 80, 83, 98, 99, 100, 101, 104, 113, 115, 117, 119, 121, 124–126, 130, 137, 144, 145, 146, 151)
	Ulli Hartmann, Halle/Westf. (S. 31, 39, 48, 49, 69, 138, 139, 152)
	Bela Hoche, Hamburg (S. 29, 30, 72, 116)
	Janne Peters, Hamburg (S. 16, 18, 22, 23, 25, 32, 34, 40, 44, 46, 50, 57, 58, 59, 61, 63, 65, 70, 73, 81, 82, 85, 87, 88, 96, 97, 106, 108, 109, 111, 112, 118, 127, 128, 131, 133, 142, 143, 147, 149, 150, 153, 155)
	Antje Plewinski, Berlin (S. 5, 12, 15, 17, 20, 26, 28, 37, 41, 47, 54, 67, 75, 95, 102, 114, 120, 134, 140)
	Christiane Pries, Borgholzhausen (S. 7)
	Hans-Joachim Schmidt, Hamburg (S. 66)
	Norbert Toelle, Bielefeld (S. 27, 86)
	Brigitte Wegner, Bielefeld (S. 45, 55, 89)
Rezeptentwicklung und -beratung	Anke Rabeler, Berlin
Lektorat	no:vum, Susanne Noll, Leinfelden-Echterdingen
Nährwertberechnungen	Nutri Service, Hennef
Grafisches Konzept und Gestaltung	MDH Haselhorst, Bielefeld
Titelgestaltung	kontur:design GmbH, Bielefeld
Satz und Layout	MDH Haselhorst, Bielefeld
Druck und Bindung	Mohn media Mohndruck GmbH, Gütersloh

Die Autoren haben dieses Buch nach bestem Wissen und Gewissen erarbeitet. Alle Rezepte, Tipps und Ratschläge sind mit Sorgfalt ausgewählt und geprüft. Eine Haftung des Verlages und seiner Beauftragten für alle erdenklichen Schäden an Personen, Sach- und Vermögensgegenständen ist ausgeschlossen.

Nachdruck und Vervielfältigung (z.B. durch Datenträger aller Art) sowie Verbreitung jeglicher Art, auch auszugsweise, ist nur mit ausdrücklicher Genehmigung und Quellenangabe gestattet.

ISBN: 978–3–7670–0723–9

Rückgabe bis	
12. 02. 12	06. 10. 24
12. 02. 12	
19. 4. 12	
4. 4. 13	
10. 2. 14	
20. 03. 14	
7. 8. 14	
25. 10. 15	
10. 04. 16	
7. 5. 17	
17. 12. 17	
09. 11. 20	
20. 11. 22	
30. 04. 23	
2. 05. 24	

ausgeschieden

11/215